Was erwartet Sie?

Wir alle konsumieren. Das tun wir den lieben langen Tag – sogar in der Nacht. Eigentlich immer. Gleichzeitig produziert jeder mit seiner Arbeit Dinge, die wiederum von anderen konsumiert werden. Diese beiden Faktoren – Produktion und Konsum – stehen im Fokus unseres alltäglichen Handelns, oftmals unbewusst. Was uns jedoch immer bewusster wird: Unsere Art zu produzieren und zu konsumieren führt zu erheblichen Umweltbelastungen und einer Knappheit von Ressourcen.

Alle Welt fragt sich, wie diesen Herausforderungen begegnet werden kann, um schädliche Entwicklungen auf der Erde abzuwenden. Als zentraler Hebel für mehr Nachhaltigkeit wird gemeinhin die Steigerung der Effizienz in der Produktion genannt – allen voran durch Automatisierung: Durch die effizientere Nutzung der Ressourcen würden Umweltbelastungen stetig verringert. Allerdings führt mehr Effizienz auch zur Senkung von Kosten und somit zu fallenden Preisen. Fallende Preise führen zu mehr Konsum – und somit mehr absoluten Ressourcenverbrauch. Solche Folgen und Folgesfolgen von Effizienzsteigerungen durch Automatisierungstechnik stehen im Mittelpunkt dieses Buches.

Besonders als Ingenieurin oder Ingenieur ist man oft der Vorstellung erlegen, mit der eigenen Arbeit am »Fortschritt der Technik« mitzuwirken und somit Gutes für die Welt zu bewegen. Um nicht zu viel vorwegzunehmen: Das ist mitunter ein Trugschluss. Es gibt weitere Bedingungen, die gelten müssen, damit die Welt durch eine Steigerung der Effizienz gerettet werden kann. Dieses Buch hat dabei zum Ziel, ein Bewusstsein und Verständnis für diese Zusammenhänge zu entwickeln. Ein großes Vorwissen wird nicht benötigt. Besonders spannend ist es für technisch ausgebildete Personen und produzierende Unternehmen, die sich für die Auswirkungen ihres Handelns interessieren. Aber nicht nur für Personen mit technischer Profession lohnt sich ein Blick in das Buch, sondern für jeden Menschen, der konsumiert und produziert. Denn wie wir künftig produzieren und konsumieren, entscheidet über die Zukunft unserer Welt.

natürlich oekom!

Mit diesem Buch halten Sie ein echtes Stück Nachhaltigkeit in den Händen. Durch Ihren Kauf unterstützen Sie eine Produktion mit hohen ökologischen Ansprüchen:

- 100 % Recyclingpapier
- mineralölfreie Druckfarben
- Verzicht auf Plastikfolie
- Kompensation aller CO_2-Emissionen
- kurze Transportwege – in Deutschland gedruckt

Weitere Informationen unter www.natürlich-oekom.de und #natürlichoekom

Bibliografische Information der Deutschen Nationalbibliothek:
Die Deutsche Nationalbibliothek verzeichnet diese Publikation in der Deutschen Nationalbibliografie; detaillierte bibliografische Daten sind im Internet über www.dnb.de abrufbar.

oekom – Gesellschaft für ökologische Kommunikation mbH
Goethestraße 28, 80336 München

Layout und Satz: Jan Michael Goldberg
Lektorat: Valerie Lohbeck
Umschlaggestaltung: Laura Denke, oekom verlag
Umschlagabbildung: © Graphic Warrior/Adobe Stock
Druck: CPI books GmbH, Leck

ISBN 978-3-98726-078-0
https://doi.org/10.14512/9783987263163

Jan Michael Goldberg

Konsequent effizient

Automatisierungstechnik für eine nachhaltige Zukunft

YT

Inhaltsverzeichnis

1 Einleitung

Wenn ich morgens aufwache, liegt das in der Regel an meinem Smartphone. Ich greife es, stelle den Wecker ab. Mehr oder weniger viele Momente später torkele ich in die Küche, mache mir eine Schüssel Haferflocken, setze mich hin und esse. Darauf folgt die morgendliche Hygiene, das Anziehen – und der Weg zum Arbeitsplatz. Manchmal ist das eine Fahrt in die nächste Stadt, manchmal ein Gang an den heimischen Schreibtisch. So oder so ähnlich wird es den meisten Menschen in Industriegesellschaften gehen – zumindest denen, die (noch) keine Kinder im Haus haben.

Neulich erst habe ich festgestellt, dass meine Zahnpasta in Polen abgefüllt wurde. Mein T-Shirt wurde in Bangladesch gefertigt. Von den Bestandteilen meines Smartphones möchte ich gar nicht erst anfangen, weil ich ehrlich gesagt auch einfach nicht weiß, woher die einzelnen Komponenten kommen. Auf dem Weg zur Arbeit geht es weiter: Ich schaue mich um und sehe Autos, Häuser, ein Fußballstadion. Diese Dinge herzustellen war komplex. Allein wie viele Hände ineinandergreifen müssen, bis so ein Auto entsteht – Wahnsinn! Mich beeindruckt das jedes Mal aufs Neue, wenn ich darüber nachdenke. Beeindruckend ist auch, wie viele Produkte komplexer Herstellungsprozesse ich in den ersten paar Minuten des Alltags schon genutzt habe – von der Zahnpasta bis zum Straßenbelag, auf dem ich mich bewege. Ich konsumiere.

Am Arbeitsplatz angekommen – ob in der Firma oder im Homeoffice – starte ich den Rechner und fange an zu arbeiten. Als kleines Rädchen im großen Getriebe trage ich dazu bei, dass in unserer Fabrik Produkte entstehen und danach auch verkauft werden können. Andere schneiden Haare, backen Brötchen, komponieren Musik, spielen vielleicht sogar professionell Fußball. Allen gemein ist, dass am Ende ihrer Arbeit ein Produkt oder eine Dienstleistung steht – und dieses soll im optimalen Fall wiederum von anderen konsumiert werden.

Einen großen Teil unserer Zeit erzeugen oder verbrauchen wir irgendwas. Oftmals sogar gleichzeitig – um zu produzieren, konsumieren wir die Produkte anderer. Beispielsweise benutze ich zum Schreiben dieses Textes einen Laptop. Zudem produzieren und konsumieren nicht nur Menschen: Alles, was lebt, produziert und konsumiert – dabei ist es einerlei, ob Pflanze oder Tier. Beispielsweise »melken« Ameisen Blattläuse. Pflanzen dahingegen produzieren Sauerstoff, den wiederum andere Lebewesen benötigen. Zumindest aber erzeugt ein Lebewesen sich im Zuge der Selbsterhaltung selbst; und sei es auch nur als Nahrungsquelle für andere.

Aufgrund der zentralen Bedeutung dieser beiden Faktoren – Produktion und Konsum – auf unser Leben möchte ich auf diese noch etwas näher eingehen. Dazu dient mir das zweite Kapitel dieses Buchs. Darin zeige ich unter anderem aber auch, dass wir Menschen uns mit dem Status quo bekanntlich selten zufriedengeben. Wir wollen unsere Art zu produzieren in der Regel verbessern, also effizienter machen. Um nicht zu viel vorwegzunehmen an dieser Stelle nur so viel: Die Steigerung der Effizienz hat einen bedenkenswerten Effekt auf unsere Produktion und unseren Konsum. Und die Steigerung von Effizienz hat in den meisten Fällen mit Entwicklung von Technik, vor allem zur Automatisierung, zu tun. Lassen Sie uns auch hier die Zusammenhänge erschließen!

Doch um zu produzieren und zu konsumieren braucht es vor allem eines: Ressourcen. Darum erweitere ich im dritten Kapitel mein Argument um die Herausforderungen und Grenzen, die mit unserer Produktion und unserem Konsum einhergehen. Denn viele der Ressourcen, die wir für unsere Produktion brauchen, sind nicht erneuerbar. Das vielleicht bekannteste Beispiel ist Öl: Es ist vor Millionen von Jahren aus biologischen »Abfällen« entstanden, kann nach derzeitigem Stand der Technik jedoch nicht auf wirtschaftliche Weise künstlich erzeugt werden. Wir verbrennen es, wodurch es nicht mehr nutzbar ist und zudem Schadstoffe freisetzt. Durch unsere Art zu konsumieren und zu produzieren verbrauchen wir viele unserer Ressourcen dauerhaft. Gleichzeitig belasten wir unsere Umwelt. Auch darum haben die Vereinten Nationen die Themen Konsum und Produktion als eines von 17 Zielen in ihrer Agenda für nachhalte Entwicklung aufgenommen (United Nations, 2023).

Technologie hat in der Geschichte der Menschheit jedoch schon mehrfach dazu geführt, dass Grenzen überwunden werden konnten. Das liegt u. a. daran, dass durch Automatisierung die Art zu produzieren enorm verändert wurde: So haben die Effizienzsteigerungen der letzten 200-300 Jahre zur Folge, dass Dinge, die früher unmöglich erschienen, heute selbstverständlich sind. Darum ist im vierten Kapitel skizziert, wie Automatisierungstechnik auch in Zukunft zum Wohle der Menschheit beitragen kann.

Allerdings steigert neue Technologie nicht nur die Effizienz, sondern hat weitere Effekte. Im fünften Kapitel werden jene Nebeneffekte aufgezeigt, die vielleicht nicht immer auf den ersten Blick einleuchten. An dieser Stelle ein kleiner Spoiler: Technologie verändert nicht nur die Produktion, sondern indirekt auch den Konsum. Effizienzsteigerungen führen nämlich dazu, dass Produkte günstiger werden, was die Nachfrage ankurbelt – am Ende wird mehr produziert, was wiederum zu einer Beschleunigung des Ressourcenverbrauchs führen kann.

Im sechsten Kapitel wird dieser Widerspruch aufgegriffen: Hilft oder schadet Technologie nun? Und unter welchen Bedingungen leistet die Weiterentwicklung der Automatisierungstechnik einen positiven Beitrag zum Erhalt der Welt und Lebensweise, wie wir sie kennen? Am Ende lasse ich es mir nicht nehmen, Handlungsmöglichkeiten von Politik, Unternehmen aber auch des Einzelnen aufzuzeigen, bevor ich dieses Buch im siebten Kapitel mit einem Fazit abschieße.

An dieser Stelle wünsche ich Ihnen eine anregende Lektüre, neue Erkenntnisse und Ansätze zum Weiterdenken und Diskutieren. Für den weiteren Verlauf dieses Buches werde ich Sie bis zum Fazit nun insofern verlassen, dass die Ich-Perspektive in den Hintergrund tritt. Allerdings bin ich nicht ganz weg – und freue mich natürlich über Rückmeldungen und Ihre Gedanken zu meinen Gedanken.

2 Produktion, Konsum, Effizienz und Automatisierungstechnik

2.1 Am Anfang stand die Energie

Wie in der Einleitung bereits deutlich wurde, sind Produktion und Konsum die zentralen Faktoren zur materiellen Veränderung der Welt. Dabei hat sich die Welt bereits lange vor der menschlichen Zivilisation verändert, auch wenn das aus heutigen Maßstäben sehr langsam vonstattenging (vgl. Henning, 2021, S. 4). Ein Beispiel für eine solch langsame Veränderung ist das Ende der letzten Kaltzeit vor ca. 12.000 Jahren: Dieser Wandel globaler Erwärmung vollzog sich immerhin in einem Zeitraum von einigen tausend (!) Jahren. Der Mensch hat das Prinzip der vergleichsweise langsamen Veränderung der Umwelt durch seine Nutzung der Energiequellen auf den Kopf gestellt. Im Wesentlichen waren es drei Techniken zur Energienutzung, die die Menschen dazu befähigten (vgl. Georgescu-Roegen, 1978, S. 15; vgl. Polimeni, Giampietro & Mayumi, 2008a, S. 173–174): (1.) Die Beherrschung des Feuers, (2.) der Ackerbau und (3.) der Betrieb von Maschinen mit Holz und Kohle. Diesen Techniken gemein ist, dass sie den Zugang zu Energieformen entscheidend veränderten – und damit auch die Voraussetzungen, unter denen die Menschen produziert und konsumiert haben.

Die Beherrschung des Feuers gab dem frühen Menschen eine neue Macht: Gezielt konnten Dinge erwärmt, gekocht oder zerstört werden. Energie wurde durch die Verbrennung von Holz o. ä. nutzbar. Diese neue Technik führte zu mehr Wohlstand: Beispielsweise konnte statt rohem Fleisch das besser schmeckende, gebratene Fleisch gegessen werden. Hier wird deutlich: Das Konsumverhalten änderte sich.

Weit später fingen die Menschen – nunmehr Jäger und Sammler – an, sesshaft zu werden und Ackerbau zu betreiben. Dieser zweite Schritt ist allgemein auch als *Neolithische Revolution* bekannt, während der die Sonnenenergie gezielt zur Produktion von Lebensmitteln eingesetzt wurde. In diesem Zuge ermöglichte zudem die Domestizierung von Tieren, nicht nur menschliche Arbeitskraft in den Produktionsprozess einzubringen, sondern die von viel kräftigeren Lebewesen. Auch das ging mit einem veränderten Konsumverhalten einher, weil nun andere Nahrungsmittel zur Verfügung standen und neue Produkte benötigt wurden – zum Beispiel auch feste Gebäude.

Wieder einige tausend Jahre später fingen die Menschen damit an, in ihren Maschinen Holz und Kohle zu verbrennen, um menschliche Arbeitskraft zu ersetzen – Dampfmaschinen entstanden. Der Beginn dieser systematischen und intensiven Nutzung fossiler Energieträger stellt den dritten hier markierten Punkt dar.[1] Die ersten Dampfmaschinen hatten jedoch geringe Wirkungsgrade – viel Energie ging verloren. Für den wirtschaftlichen Einsatz in der Produktion war die Steigerung der Effizienz dieser Maschinen zentral. Es folgt eine Zeit, die auch als *Industrielle Revolution* bekannt ist: Die Effizienz der Maschinen stieg innerhalb dieser stetig. Damit einher ging abermals eine grundlegende Veränderung des Konsumverhaltens; vor allem beim Konsum von Gebrauchsgütern wie Kleidung.

Ohne den Zugang zu fossilen Energieträgern hätte die *Industrielle Revolution* aber nicht so stattfinden können, wie sie stattgefunden hat: Die Nutzung von Energieformen abseits der menschlichen Muskelkraft hat die Entwicklung der Gesellschaft, wie wir sie heute kennen, erst ermöglichte. Am Anfang stand also die Energie – und der menschliche Umgang mit ihr. Es ist daher ein Stück weit ironisch, dass sich viele Nachhaltigkeitsdebatten heute darum drehen, dass der menschliche Umgang mit Energie nicht auch am Ende steht. Um den Weg dahin besser nachzuvollziehen, ist ein bes-

---

[1] Zwar nutzten Menschen Kohle auch vorher bereits seit ein paar Jahrhunderten, doch erreichte die Nutzung keine hohe Intensität.

seres Verständnis von Effizienz notwendig – womit sich der nächste Abschnitt befasst.

2.2 Was ist Effizienz?

Effizienz beschreibt das Verhältnis von Output und Input eines Prozesses (siehe Formel 1). Wenn das Resultat (Output) bei gleichbleibendem Einsatz (Input) höher oder besser wird, so verbessert sich auch die Effizienz. Die Effizienz steigert sich aber auch, wenn bei einem geringen Einsatz das gleiche Ergebnis erzielt wird. Input und Output können dabei zum Beispiel Material, Zeit oder Energie sein.[2]

$$Effizienz = \frac{Output}{Input} \tag{1}$$

Effizienz wird gesteigert, wenn eine Situation nach einer Veränderung effizienter ist als vorher (siehe Formel 2). Effizienzsteigerungen gibt es aber nur bei Ergebnissen größer als 1. Ist das Ergebnis kleiner als 1, besteht eine Effizienzverminderung. Da in Weiteren grundsätzlich von einer Steigerung der Effizienz ausgegangen wird, wird trotzdem der Begriff »Effizienzsteigerung« verwendet.

$$Effizienzsteigerung = \frac{Effizienz_{nachher}}{Effizienz_{vorher}} \tag{2}$$

An dieser Stelle ist eine Abgrenzung zu zwei anderen, manchmal synonym verwendeten Begriffen sinnvoll: Effektivität und Produktivität. Anders als

---

[2] Die monetäre Bewertung dieser Faktoren in Geldeinheiten spielt für die Ermittlung der Effizienz erst einmal keine Rolle. Zugleich sind monetäre Gründe aber Haupttreiber für die Steigerung von Effizienz.

die *Effizienz* ist die *Effektivität* an ein konkretes Ziel gebunden. Mal angenommen, das Ziel ist der Bau eines Floßes. Zwar kann dann die *Effizienz* einer beliebigen Tätigkeit, beispielsweise der Zerlegung eines Fisches, gesteigert werden – *effektiv* für den Floßbau wäre dies jedoch nicht. Eigentlich müsste man für das Floß einen Baum fällen, also bringt einem die höhere *Effizienz* beim Filetieren des Fisches dem Ziel nicht näher – war also *ineffektiv*. Oft wird auch gesagt: *Effizient* ist es, die Dinge richtig zu tun – *effektiv* hingegen, die richtigen Dinge zu tun. Der Begriff der Produktivität meint dahingegen oftmals Effizienz in Produktionsprozessen von Unternehmen. So kann man seine Effizienz beim Essen des morgendlichen Müslis vergrößern (z. B. durch schnelleres Kauen), niemand würde das aber als gesteigerte Produktivität bezeichnen. Daran schließt sich die Frage an, wie Effizienz denn überhaupt gesteigert werden kann.

2.3 Wie wird Effizienz gesteigert?

Zur Steigerung der Effizienz muss die Technik zur Verarbeitung des Inputs bzw. Erzeugung des Outputs verändert werden. Hierbei spielen MINT-Disziplinen[3] wie der Maschinenbau, die Elektrotechnik, Materialkunde, die Physik etc. eine wichtige Rolle. Aber auch die organisatorische Veränderung von Prozessen und Abläufen kann eine erhebliche Veränderung der Effizienz zur Folge haben.[4] Da sich die Veränderung von organisatorischen Abläufen immer in einem Rahmen bewegt, der durch die techni-

---

[3] MINT steht für Mathematik, Informatik, Naturwissenschaften und Technik.

[4] Beispielhaft für eine Vergrößerung der Effizienz durch organisatorische Veränderungen ist das 3M-System von Toyota (muda, muri, mura). *Muda* ist dabei das japanische Wort für Verschwendung, die vermieten werden soll und in sieben Bereichen auftritt (Transport, Bestände, Bewegung, Warten, Überproduktion, Overengineering, Ausschuss/Nacharbeit). *Muri* beschreibt die Überbeanspruchung von Mensch und Material, *mura* dahingegen eine unausgeglichene Arbeitsweise (vgl. Fiedler, 2018, S. 52–59).

schen Möglichkeiten begrenzt ist, wird hier im Weiteren vor allem die Veränderung der Technik betrachtet.

Zentral für die Steigerung der Effizienz durch technische Neuerungen ist die **Automatisierungstechnik**. Dabei bedeutet das altgriechische Wort »automatos« so viel wie »sich selbst bewegend« (vgl. Favre-Bulle, 2004, S. 1). Ein Automat ist also eine sich selbst bewegende Maschine. Nach einer Initialisierung – beispielsweise dem Drücken eines Knopfes – vollzieht die Maschine eine Kette von Arbeitsaufgaben ohne weiteres menschliches Zutun. So können sowohl Produkte (wie ein Fernsehgerät oder eine Waschmaschine) als auch Anlagen in einer Fabrik automatisiert werden (vgl. Favre-Bulle, 2004, S. 2). Die Automatisierungstechnik befasst sich also damit, Maschinen (Produkte oder Anlagen) so zu gestalten, dass sie ohne weitere menschliche Hilfe Arbeitsschritte erledigen. Dabei werden über Sensoren (z. B. Temperaturmesser) verschiedene Zustände der Maschine erfasst, wodurch Daten entstehen. Diese Daten werden verarbeitet, beispielsweise in einem Computer. Über Aktoren (z. B. Motoren) erfolgen daraufhin Bewegungen der Maschine.

Beim Einsatz von Automatisierungstechnik geht es aber nicht nur darum, menschliche Arbeitskraft zu ersetzen. Vielmehr dient sie auch dazu, dass Maschinen schneller werden, weniger Verschleiß verursachen, weniger Energieverluste aufweisen, weniger Ausschuss produzieren, weniger Materialeinsatz benötigen oder Erzeugnisse mit einer höheren – und weniger Schwankungen unterliegenden – Qualität erzeugen. All das führt zu einer Verbesserung des Verhältnisses von Input und Output und somit zu einer höheren Effizienz von Maschinen und so von Arbeitsprozessen.

Nun gibt es aber auch technisch bedingte Steigerungen der Effizienz ohne direktes Zutun durch Automatisierung. Ein banales Beispiel: Mal angenommen, die Menschen würden Zahnbürsten nutzen, um ihre Böden zu reinigen. Nun erfindet jemand den Wischmopp, durch den mit einem geringeren Zeiteinsatz (und weniger durch den Menschen eingebrachte

Energie) das gleiche Ergebnis erzielt wird – der Wischprozess wird effizienter! Das ist hierbei jedoch kein Verdienst der Automatisierungstechnik. Ein weniger banales Beispiel stellt der Ersatz von Kohle- durch Wolframfäden in Glühlampen dar. Durch den Tausch der Glühfäden wurden Glühlampen effizienter und gingen weniger oft kaputt. Das war ebenfalls keine Errungenschaft der Automatisierungstechnik, denn der Austausch des Materials führte direkt zu einer Steigerung der Effizienz.

In beiden Beispielen wurde jeweils etwas Manuelles durch etwas anderes Manuelles ersetzt. Die Möglichkeiten, hierdurch zur Steigerung der Effizienz beizutragen, sind aber begrenzt: So kann der Griff des Wischmopps zwar eine ergonomischere Form bekommen oder die Fransen zum Wischen können verbessert werden – am Ende aber bleibt der Wischmopp ein Wischmopp, mit all seinen Möglichkeiten und Grenzen. Gleiches gilt für das Material der Glühfäden. Doch wie kann die Effizienz weiter gesteigert werden, wenn solche nicht-automatischen Möglichkeiten ausgeschöpft sind? Wie dies möglich ist, zeigt sich am Beispiel der Bodenreinigung durch die Erfindung einer Maschine, die den Boden von selbst reinigt. Ein Staubsauger- oder Wischroboter könnte eine solche Maschine sein – eindeutig ein Ergebnis von Automatisierungstechnik. Der Roboter hat Sensoren, eine Verarbeitungslogik und Aktoren, die selbstständig von ihm bedient werden. Sobald das Gerät also komplexer wird, sobald gemessen, gesteuert und geregelt werden muss (sei es mechanisch, elektrisch, hydraulisch oder pneumatisch), ist die Automatisierungstechnik zur Stelle. Und das trifft auf nahezu alle komplexeren Maschinen zu.

Die Automatisierungstechnik ist also zentral für die Verbesserung der Effizienz komplexer Maschinen. Sie ist dabei aber auf Innovationen aus anderen Bereichen angewiesen, z. B. aus der Materialkunde oder auf neue Erkenntnisse der Physik. Beispielsweise wird die Effizienz von Textilmaschinen u. a. dadurch gemessen, wie oft ein Faden pro Minuten durch ein Gewebe getragen wird. Eine Weiterentwicklung des Materials würde die

Reißfestigkeit der Fäden verbessern und somit der Automatisierungstechnik die Möglichkeit geben, die Geschwindigkeit der Maschine zu erhöhen. Wenn die Reißfestigkeit nicht verbessert werden würde, würden schnellere Bewegung der Schützen (so heißen die Träger der Garnfäden) nicht funktionieren – die Fäden würden reißen. Dahingegen würde aber auch die bloße Verbesserung der Reißfestigkeit ohne eine Erhöhung der Geschwindigkeit nichts bringen. Es geht hier also nicht darum, der Automatisierungstechnik allein alle Effizienzsteigerungen zuzuschreiben. Vielmehr ist sie abhängig von neuen Erkenntnissen anderer Disziplinen. Es ist jedoch ihre zentrale Rolle in Maschinen und Anlagen, die sie so interessant macht und Grund genug bietet, sich eingehender mit ihr zu befassen. Auch darum steht die Automatisierungstechnik im Fokus dieses Buchs. Im Weiteren werden darum zunächst Beispiele aufgezeigt, wie die Automatisierungstechnik die Effizienz tatsächlich beeinflusst hat.

2.4 Wie hat Technik die Effizienz bisher beeinflusst?

Das, was wir heute als Automatisierungstechnik bezeichnen, führte nicht erst mit dem Beginn der *Industriellen Revolution* zu einer Verbesserung der Effizienz von Maschinen. Auch davor gab es schon Bestrebungen, Maschinen zu automatisieren. Besonders gut nachvollziehbar ist das am Beispiel der Herstellung von Textilien: Ein gewebter Stoff entsteht durch das Verkreuzen von Fäden. Mit einem sogenannten Schiffchen, einem Holzstückchen, führte man den sogenannten Schussfaden durch die rechtwinkelig dazu liegenden Kettfäden. Vielleicht kennt mancher aus der Schule noch die Webrahmen, bei denen das Schiffchen durch die Kettfäden hindurchgeschlängelt werden musste. Eine mühselige Arbeit! Eine erste wesentliche Verbesserung in diesem Webprozess war es, jeden zweiten Kettfaden anzuheben – das sogenannte Webfach entstand. Dadurch musste das

Schiffchen nicht mehr durch die Fäden hindurchgeschlängelt, sondern konnte gerade durchgeschoben werden. Auf dem Rückweg des Schiffchens werden jeweils die anderen Fäden angehoben. Wann genau diese technische Veränderung in den Webstühlen implementiert wurde, kann nicht mehr genau festgestellt werden. In Europa verbreitete sich der sogenannte Trittwebstuhl, bei dem das Webfach mithilfe einer mechanische Konstruktion über ein Fußpedal gebildet werden konnte, vermutlich etwa ab dem 11. Jahrhundert (vgl. Endrei & Endrei, 1961, S. 127). Diese Mechanisierung stellt eine Automatisierung der Bewegung der Kettfäden über eine mechanische Konstruktion dar, ist also bereits Automatisierungstechnik. Dadurch wurde der Webvorgang erheblich vereinfacht und die Effizienz stark erhöht.

Beim Trittwebstuhl wird das Schiffchen per Hand durch das Fach geführt oder geworfen, was trotzdem noch vergleichsweise langsam vonstattengeht. Im Jahr 1733 brachte eine Mechanik von John Key das Schiffchen dann zum Fliegen. Keine Hand mehr führte es durch das Webfach, sondern eine Mechanik schoss dieses dort hindurch – aus dem Schiffchen wurde ein Schützen (vgl. Hahn, 2020, S. 57–58). Jedoch erst eine Generation später, etwa ab 1760, setzte sich diese Erfindung auch in der Praxis durch (vgl. Hahn, 2020, S. 60). Durch die erhöhte Geschwindigkeit – aber auch dadurch, dass von einem einzelnen Weber nun breitere Stoffe gewebt werden konnten – wurde die Arbeitszeit für die Herstellung desselben Gewebes um etwa 50 Prozent reduziert (vgl. Tunzelmann, 1995, S. 11). Die Automatisierung des Fadeneintrags führte hier also abermals zu einer deutlich höheren Effizienz in der Textilproduktion.

Doch das war nicht das Ende der Fahnenstange: Oftmals wird Edmund Cartwrights vollautomatischer Webstuhl aus dem Jahr 1784 als weiterer Meilenstein genannt (vgl. Strickland, 1843, S. 63; vgl. Tunzelmann, 1995, S. 19). Die Maschine konnte in weiten Teilen ohne weiteres menschliches Zutun operieren. Cartwrights Erfindung hatte jedoch keinen kommerziellen Erfolg, weil sie von zwei tatkräftigen Männern angetrieben werden musste, die schnell ermüdeten (vgl. Cunningham, 1892, S. 448–449; vgl. Lyons, 1987, S. 392). Sie zeigt aber dennoch auf eindrucksvolle Art und Weise, wie eine Maschine auch schon vor dem Einsatz fossiler Energieträger voll automatisiert werden konnte.

Zu Beginn des 19. Jahrhunderts dann stellte Joseph-Marie Jacquard einen Webstuhl vor, in dem mithilfe hölzerner Lochkarten Webmuster definiert wurden, die die Maschine auszuführen hatte (vgl. Heath, 1972, S. 76–77). Lochkarten waren dünne Holzplättchen mit Löchern an definierten Stellen. Pro Schuss bestand eine solche Lochkarte. Eine Mechanik tastete die Karten ab; je nachdem, wo Löcher waren, führte dies zur Anhebung der entsprechenden Kettfäden. Dadurch konnte nicht nur jeder zweite Faden wie beim Trittwebstuhl angehoben werden, sondern jeder beliebige – jederzeit. Durch Lochkarten konnten Maschinen also programmiert werden. Dadurch war die Herstellung komplexer Musterungen automatisiert möglich.[5] Die Effizienz der Weberei wurde abermals deutlich erhöht.

Was hier beispielhaft an der Weberei aufgezeigt wurde, kann auch in anderen Bereichen gezeigt werden: Die Automatisierung von Maschinen führte und führt bis heute zu Effizienzsteigerungen. Aber warum machen Menschen das überhaupt? Warum erfinden wir neue Technologien und steigern die Effizienz von Maschinen?

2.5 Warum gibt es Effizienzsteigerungen?

Etwa zur Zeit der Entwicklung vollautomatisierter Webstühle setzte in Europa die *Industrielle Revolution* ein. Ein wesentlicher Aspekt dieser bestand darin, dass der systematische Einsatz des fossilen Energieträgers

---

[5] Vorausgegangen war die Anwendung von Lochkarten bereits 1725 durch Basile Bouchon (vgl. Schneider, 2003, S. 185, 193).

Kohle händische Arbeit ersetzte. Als Startpunkt dieser Revolution wird dabei meistens das Jahr 1780 genannt. Um dieses Jahr herum findet nämlich eine erhebliche Verbesserung der Dampfmaschine statt (vgl. Kanefsky & Robey, 1980, S. 169–170; vgl. Rao, 2011, S. 31; vgl. Stokey, 2001, S. 56–57). In Dampfmaschinen wurde durch die Verbrennung von Kohle Wasser erhitzt und der Druck des Wasserdampfes in Bewegungsenergie umgewandelt. Fortan kam es in den Jahrzehnten nach 1780 zu einer Mechanisierung der Antriebe von Maschinen. So waren nicht mehr die Muskelkraft oder lokal begrenzte Energie durch Wasser und Wind entscheidend für den Antrieb – durch Dampfmaschinen konnten nie dagewesene mechanische Kräfte gezielt und ortsunabhängig eingesetzt werden. Auch dieser Wandel ging nochmals mit einer enormen Steigerung der Effizienz einher, wie im nächsten Abschnitt 2.6 (Effizienz während der industriellen Revolutionen) in einem kleinen Exkurs bis in die heutige Zeit weiter ausgeführt wird. An dieser Stelle soll das »Warum?« in den Vordergrund gerückt werden.

Dazu ist es zunächst einmal interessant zu wissen, dass diese Entwicklung nicht überall auf der Erde in gleichem Maße und zur gleichen Zeit stattfand, sondern zunächst in Europa – und dort insbesondere in Großbritannien. Diese besondere, zunächst lokale Entwicklung in der westlichen Welt wird auch als *Große Divergenz* (engl. *Great Divergence* bzw. *European Miracle*) bezeichnet. Die Gründe dafür, warum das gerade zu jener Zeit in Europa passierte, werden von Wirtschaftshistorikern fortwährend diskutiert. Naheliegend ist das Argument, dass die Erfindungen, die die Basis für die Industrialisierung bildeten, nun einmal in England und Westeuropa gemacht wurden – allen voran die Erfindung der Dampfmaschine. Allerdings verkennt dieses Argument, dass es auch schon in der Antike Automaten gab, die mit Dampf funktionierten – beispielsweise konnten im antiken Ägypten Türen von Tempeln geöffnet werden (vgl. Papadopoulos, 2007, S. 217). Ein entscheidender Unterschied war jedoch, dass die antiken Dampfobjekte eher zur Unterhaltung genutzt wurden als für die Produktion von Gütern. Für den Erfolg der Dampfmaschine muss es demnach also eine andere Erklärung geben als nur die vermeintlich zufällige Erfindung. Es müssen also zwei Dinge zusammenkommen: Neben (1.) passenden Voraussetzungen für den Einsatz der Dampfmaschine scheint auch (2.) ein entsprechendes Bedürfnis für Effizienzsteigerungen notwendig gewesen zu sein, damit sich diese verbreiten konnte.

Eine Voraussetzung für den Einsatz von Dampfmaschinen bestand darin, dass passendes Brennmaterial vorhanden sein musste. England hatte einen vergleichsweise einfachen Zugang zur Kohle (vgl. Pomeranz, 2000, S. 61–63). Dieser Energieträger konnte somit einfach genutzt werden. Daneben gibt es aber weitere Voraussetzungen. So gibt es das Argument politischer Fragmentierung: Europa hatte viele Herrscher, wenn einer etwas ablehnte, konnte woanders womöglich ein Befürworter gefunden werden. So erfuhr Kolumbus' Idee einer Fahrt nach Westindien von mehreren Königshäusern Ablehnung, bevor ihm die Portugiesen nach Jahren des Wartens eine Expedition finanzierten (vgl. Venzke, 1992, S. 35–49). Dahingegen gab es eine solche Fragmentierung in anderen Teilen der Welt nicht. Beispielsweise fand die Entscheidung der Chinesen, nach 1433 keine weitläufigen maritimen Entdeckungsfahrten mehr zu unternehmen (und somit auf Isolation zu setzen), keinen Gegenentwurf (vgl. Becker & Straub, 2007, S. 21–22). Fragmentierung schafft hier also Raum zur Verbreitung von Ideen. Auch kulturelle Aspekte können mitentscheidend gewesen sein – es wird ein Bild eines experimentierfreudigen Westens gegenüber einer Veränderung ablehnenden Haltung im Osten gezeichnet (vgl. Rosenberg & Birdzell, 1986, S. 33).

Weitere Diskussionen gehen in die Richtung, dass stärkere Eigentumsrechte und freie Märkte in europäischen Ländern unternehmerisches Denken förderten (vgl. North & Weingast, 1989, S. 803, 831). Des Weiteren waren sowohl der Absatzmarkt in der neuen Welt als auch der Kolonialismus Treiber der Produktion in Westeuropa (vgl. Acemoglu, Johnson &

Robinson, 2005, S. 572; vgl. Pomeranz, 2000, S. 187–190). Das alles sind Argumente dafür, dass England passende Voraussetzungen für das Aufkommen der *Industriellen Revolution* bot.

Neben den Voraussetzungen muss auch ein Bedarf für effizientere Produktionstechniken bestanden haben. Einen solchen Bedarf scheint es in der Antike zu den Zeiten der Dampfgeräte nicht gegeben haben, womöglich weil Arbeit z. B. durch Sklaven anders organisiert war. Im neuzeitlichen Europa war die Situation aber eine andere. So gibt es die Ansicht, dass Pestwellen in Europa die Bevölkerung so sehr dezimierten, dass mehr Effizienz notwendig wurde – was den Erfindergeist der Zeitgenossen forderte (vgl. Belich, 2022, S. 123ff.). Ein anderes Argument ist, dass die Löhne so hoch waren, dass arbeitssparende technische Möglichkeiten begrüßt wurden (vgl. Pomeranz, 2000, S. 49). Weiterer Bedarf für effizientere Produktion ergibt sich aus steigenden Konsumbedürfnissen.

Doch folgt dabei der Konsum auf die Produktion oder umkehrt? Diese Frage entspricht einer klassischen Henne-Ei-Problematik. Fest steht jedoch, dass ohne »einen gleichzeitigen Konsumwandel [...] ein immer weiteres Fortschreiten der Industrialisierung auf lange Sicht überhaupt keinen Sinn gemacht [hätte]« (Wallaschkowski, 2018, S. 2).[6] Die Industrialisierung hat dafür gesorgt, dass mit dem Konsum nicht nur Grundbedürfnisse (Nahrung, Kleidung, Wohnraum) adäquat erfüllt werden konnten. Stattdessen stehen heute in westlichen Industriegesellschaften große Teile des Einkommens zur Befriedigung weiterer Konsumzwecke zur Verfügung – beispielsweise für Lustgewinn, Anerkennung und Selbstentfaltung (vgl. Stihler, 1998, S. 194–195; vgl. Wallaschkowski, 2018, S. 25, 34). Wenn sich der Konsum den Möglichkeiten der Produktion jedoch angepasst hat, stellt sich die Frage nach den Grenzen unserer Bedürfnisse. Das wird zu einem

[6] Dabei hat die Forschung die Veränderung des Konsums zu der Zeit (auch »Konsumrevolution« genannt) über lange Zeit vernachlässigt (vgl. Stihler, 1998, S. 12–13).

späteren Zeitpunkt ausführlich diskutiert (siehe Abschnitt 5.5, Grenznutzen, Suffizienz und das Ende des Konsums).

Zusammenfassend kann an dieser Stelle gesagt werden, dass die Gründe für Effizienzsteigerungen in hohem Maße mit einer Erklärung für die *Große Divergenz* einhergehen. Auch wenn an dieser Stelle nur ein grober und unvollständiger Überblick gegeben wurde, steht fest, dass die Ursachen vielfältig und komplex waren und über den Horizont vom Zufall, wo auf der Welt gerade eine Erfindung gemacht wird, hinausgehen. Das Beispiel der *Großen Divergenz* zeigt uns zudem, dass Technikentwicklung und -verbreitung keinem Selbstzweck dient. Es gibt keine zugrundeliegende naturwissenschaftliche Logik, die über den Erfolg oder Misserfolg von Erfindungen entscheidet. Vielmehr ist der Erfolg von den gesellschaftlichen Umständen abhängig. Und die können beeinflusst werden.

2.6 Effizienz während der industriellen Revolutionen

Wie schon angekündigt findet noch ein kleiner Exkurs in die Steigerung der Effizienz seit der *Industriellen Revolution* statt. Denn ist es so, dass sich die Effizienz der Produktion nicht nur während der *Industriellen Revolution*, von der bisher die Rede war, erhöht hat. Im Gegenteil: Seit 1780 ist das bis heute in mehr oder weniger starken Wellen stetig der Fall. Heute findet deswegen oftmals eine Aufteilung in vier verschiedene industrielle Revolutionen statt. Jede für sich förderte verschiedene Entwicklungen, mit denen eine weitere enorme Steigerung der Effizienz einherging. Dieser Abschnitt behandelt deshalb die verschiedenen Phasen chronologisch nacheinander, untersucht die Rolle der Automatisierungstechnik darin und beurteilt deren Auswirkung auf die Effizienz.

Der oben beschriebene, mit der Entwicklung von Dampfmaschinen einhergehende Wandel wird dabei als **erste industrielle Revolution** klassifiziert. Automatisierungstechnische Entwicklungen führten in dieser Phase dazu, dass die Effizienz der Dampfmaschinen deutlich stieg. Grundlegend für die Dampfmaschine war die Erfindung des *Newcomenmotors* durch Thomas Newcomen im Jahr 1712. Er stellte einen Kessel vor, der Wasser erhitzte und dadurch Dampf erzeugte. Der Dampf bewegte einen Kolben nach oben, Einspritzungen von kaltem Wasser ließen den Dampf dann wiederum kondensieren und führten zu einer Absenkung des Kolbens (vgl. Kanefsky & Robey, 1980, S. 171). Von Automatisierungstechnik ist hier keine Spur: Selbst das Ventil zur Einspritzung des Wassers musste manuell geöffnet werden.

Oft heißt es, dass es ein Junge namens Humphrey Potter gewesen sei, dem das manuelle Bedienen des Ventils zu langweilig wurde. Lieber wollte er draußen mit seinen Freunden spielen. Der clevere Junge befestigte Seile an dem Kolben so, dass diese das Ventil im passenden Moment öffneten – und sich der Kolben so automatisch heben und senken konnte. Diese schöne Geschichte wurde im Nachhinein wohl etwas ausgeschmückt. Tatsächlich war der »Junge« zu dem Zeitpunkt schon etwa 24 Jahre alt. Seine Weiterentwicklung der Maschine führte dennoch dazu, dass die Anzahl der Hübe des Kolbens von 6-10 auf 15-16 pro Minute anstieg (Greener, 2018, S. 89) – in etwa eine Verdopplung der Effizienz. Durch den von Potter implementierten Regelungskreis erhielt die Automatisierungstechnik Einzug in die Dampfmaschine.[7]

Eine Verbesserung der Dampfmaschine durch James Watt – patentiert im Jahr 1769, vorgestellt aber erst 1776 – brachte weitere wesentliche Effizienzverbesserung mit sich: Er integrierte einen Kondensator. Statt den

---

[7] Im Übrigen ist auch die Steuerungstechnik Teil der Automatisierungstechnik. Gesteuert wurde die Maschine jedoch auch schon zuvor, durch Menschen. Bei einer direkten Steuerung durch einen Menschen ist jedoch nicht von Automatisierungstechnik die Rede.

Wasserdampf im Hauptzylinder kondensieren zu lassen, wurde der Dampf in einen zweiten Zylinder abgelassen (dem Kondensator) und konnte sich dort wieder verflüssigen (vgl. Kerker, 1961, S. 177). Die Einbindung eines Kondensators allein stellt aber noch keine Errungenschaft der Automatisierungstechnik da. Jedoch ist die Funktionsweise der Maschine nicht ohne die Ventile zur Dampfzufuhr zu denken, die auch hier (automatisierungstechnisch) mechanisch geregelt werden mussten.

Bei den Verbesserungen durch den Kondensator sollte es nicht bleiben. Einige Jahre später (1788) führte der Einsatz eines mechanischen Fliehkraftreglers zur Regelung der Dampfzufuhr – und sorgte somit für eine gleichbleibende Geschwindigkeit (vgl. Heimbold, 2014, S. 60–61). Das funktioniert so, dass die Drehzahl des Motors die Zufuhr von Dampf erweitert oder begrenzt und somit die Drehzahl regelte. Zweifelsohne ist das etwas, das wir heutzutage als Automatisierungstechnik bezeichnen würden. Zu dieser Zeit waren es vor allem mechanische Entwicklungen im Bereich der Regelungstechnik, die die Effizienz der Maschine steigen lassen.

Die **zweite industrielle Revolution** ging mit einer Elektrifizierung der Beleuchtung, der Wärmebildung aber auch der Motoren einher. Für die Produktion ist dabei besonders die Elektrifizierung der Antriebe von hoher Relevanz. 1866 erfand Werner Siemens seinen Dynamo, den ersten Generator ohne Permanentmagnete (vgl. Mahr, 1941, S. 131).[8] Ein Dynamo erzeugt aus Bewegung elektrische Spannung und somit Strom. Umgekehrt kann er mit elektrischem Strom auch dazu gebracht werden, sich zu drehen. Der breite Einsatz von Elektromotoren vollzog sich nicht schlagartig, sondern über einige Jahrzehnte etwa ab 1880 (vgl. Schott, 1999, S. 35, 44–45). Statt eines großen Dampfkessels in der Mitte einer Fabrik, deren Energie mittels Räder und Riemen auf alle umliegenden Maschinen verteilt

[8] Bereits zuvor und parallel hat es ähnliche Erfindungen von Jedlik, Hjorth, Varley und Wheatstone gegeben (vgl. Mahr, 1941, S. 1).

wurde – was natürlich mit großen Verlusten einherging –, konnten nun dezentrale elektrische Motoren an den jeweiligen Maschinen angebracht werden, wodurch ein ortsunabhängiger Einsatz möglich wurde.

Die Erzeugung der elektrischen Energie wurde von dem Ort der mechanischen Produktion separiert. Dadurch wurden fossile Energieträger – überwiegend Kohle, später auch Öl – allerdings nicht unbedeutend, sondern blieben in größeren Kraftwerken weiterhin notwendig, um elektrische Energie zu erzeugen.

Der mechanische Aufbau der Generatoren und Dynamos ist zunächst erstmal nichts, das mit Automatisierung zu tun hat. Jedoch ist all die Technik, die einen Motor zum Laufen bringt – vom Schalter zur Inbetriebnahme bis zur Drehzahlregelung –, originärer Teil von Automatisierungstechnik. Die Steuerung der einzelnen Aktoren (vor allem Motoren) geschieht hierbei dadurch, dass verschiedene Bauelemente durch Leitungen (für den Transport elektrischer Energie und Signale) fest miteinander verbunden werden. Sobald die Funktionsweise der Anlage verändert werden soll, ist eine manuelle Umverdrahtung der Leitungen notwendig. Diese Art der Automatisierung wird als verbindungsprogrammierte Steuerung (VPS) bezeichnet.

Zu mehr Effizienz führte die zweite industriellen Revolution vor allem durch die Reduzierung mechanischer Reibung, da Transmissionswellen und -riemen wegfielen (vgl. Zhang & Yang, 2020, S. 177). Die Elektrifizierung ermöglichte auch eine Reorganisation von Arbeitsprozessen, die eine weitere effizienzfördernde Wirkung entfalteten. Am bekanntesten ist hierbei sicherlich die Fließbandproduktion auf Förderbändern, die einen starken Einfluss auf die Effizienz von Produktionen hatte. Aber auch Fließbänder sind vor allem mit Elektromotoren sinnvoll, womit sie indirekt ebenfalls ein Effekt dieser technischen Veränderung sind.

Die **dritte industrielle Revolution** basiert auf der Einbindung von Computern in industriellen Anlagen. Dadurch wurde beispielsweise die

(Um-)Programmierung der Funktion von Maschinen deutlich erleichtert. Grundsätzlich wurden Maschinen auch zuvor schon programmiert, mit Lochkarten oder durch die Verdrahtungslogik der VPS. Die Möglichkeiten, die sich durch Erfindungen der Elektro- und Informationstechnologie ergaben – insbesondere die Erfindung von Transistoren – führt jedoch zu einer enormen Vergrößerung der Flexibilität, Komplexität und Schnelligkeit von Rechenoperationen. Aus automatisierungstechnischer Sicht besonders wesentlich ist dabei die Erfindung der speicherprogrammierbaren Steuerung (SPS) im Jahr 1968/1969, die die VPS in weiten Teilen ablöste. Die SPS ist ein Computer, speziell für den Einsatz in industriellen Maschinen. Von einem Standardcomputer unterscheidet sich die SPS insofern, dass diese speziell auf die Anforderungen in einer Maschine ausgelegt ist. Statt die Logik einer Maschine durch die Verbindung vieler elektromechanischer Bauelemente zu realisieren, konnten diese Verbindungen nun digital abgebildet werden. Hierdurch war es möglich, die Funktion einer Maschine zu ändern, ohne Leitungen neu zu verlegen oder neue Lochkarten zu produzieren.[9] Später in den 1980er Jahren fand mit dem Einsatz von PC-basierten Steuerungen in industrielle Anlagen auch der Standardcomputer (bzw. Standardbetriebssysteme) Einzug in die Steuerung und Regelung von Maschinen. Heute koexistieren beide Varianten (SPS und PC) nebeneinander.

Die SPS ermöglichte eine deutlich komplexere Ausführung von Logiken auf kleinerem Raum mit weniger Verdrahtungsaufwand. Doch nicht nur das führte zu mehr Effizienz. Durch die flexible Programmierung wurde das Engineering vereinfacht – und gleichzeitig waren komplexere und

[9] An dieser Stelle soll ein Verweis auf den Begriff der *numerischen Steuerungen* nicht fehlen. Lochkarten gehörten bereits in diese Kategorie. Statt die Bewegungen einer Maschine mittels Lochkarten zu determinieren, wurden der Ablaufcodes später auf anderen Datenträgern wie Magnetbändern zugeführt. Auch diese enthielten beispielsweise Positionsbestimmungen, die von der Maschine dann ausgeführt wurden.

somit auch schnellere und genauere Aktionen möglich. In der Folge wurden nicht nur Zeit, sondern auch Material und Energie bei der Erzeugung des gleichen Produkts gespart. Zudem erlaubte die Entwicklung der Mikroelektronik die Entwicklung einer Vielzahl weiterer Sensoren. Mit diesen war es möglich, die Eigenschaften und Positionen von Produkten und Maschinen viel genauer zu bestimmen, was die Möglichkeiten einer Maschine ebenfalls bedeutend vergrößerte.

In jüngerer Zeit – etwa seit zehn Jahren – wird gar eine **vierte industrielle Revolution** proklamiert. Kern dieser soll es sein, dass sich Produktionsressourcen – also Bauteile oder Maschinen – vernetzen (vgl. Schlick, Stephan, Loskyll & Lappe, 2020, S. 2, 8–9). Als wesentlicher Vorteil wird hervorgehoben, dass miteinander kommunizierende Maschinen sich besser aufeinander abstimmen können. Dadurch soll eine Flexibilisierung des Produktionsprozesses möglich sein: Individuelle Produkte werden zu den Vorteilen (und der Effizienz) der Massenproduktion hergestellt (vgl. Schlick et al., 2020, S. 21). Effizienzsteigerungen sind hierbei vor allem also ein Ergebnis flexiblerer Produktion. Weitere Effizienzgewinne lassen sich durch neue Möglichkeiten zur Datenanalyse ausmachen: Die Daten einer Maschine enthalten Informationen über den Produktionsprozess, die zur Optimierung desselben eingesetzt werden können. Dabei ist es durch die gestiegene Rechenkapazität möglich, rechenintensive Bildverarbeitungsanwendungen in die Maschine zu integrieren (vgl. Kegel et al., 2020, S. 17–19). Möglicherweise werden in Zukunft also viele Sensoren durch Kameras ersetzt, was die Möglichkeiten zur Optimierung und Flexibilisierung des Produktionsprozesses weiter vergrößert.

Über die Klassifizierung dieser jüngeren Entwicklungen als neue Phase der *Industriellen Revolution* wird fortlaufend gestritten. Während einige die (teilweise erst prognostizierten und noch nicht vorhandenen) Veränderungen als so relevant einstufen, dass sie eine neue Phase der Industrialisierung eingeläutet sehen, empfinden andere diese Neuerungen nur als eine konsequente Weiterentwicklung der Möglichkeiten, die sich aus der Computerisierung der Produktion ergeben, womit diese Aktivitäten der dritten industriellen Revolution zuzurechnen wären. Bezeichnend für die Debatte ist ein oft wiederholter Ausspruch des Mechatronik-Professors Rainer Drath, der es bemerkenswert findet, dass »erstmalig eine industrielle Revolution ausgerufen wird, noch bevor sie stattgefunden hat« (2014, S. 2). Die Frage, ob etwas eine Revolution ist oder nicht, kann ohnehin erst mit einem gewissen zeitlichen Abstand bewertet werden. Diese Frage wird also auf Wiedervorlage in ein paar Jahrzehnten gesetzt.

Unabhängig davon, wie man die Entwicklung der letzten rund 300 Jahre nun periodisieren möchte, bleibt festzuhalten, dass sich die Art und Weise der Produktion enorm veränderte – zweifelsohne effizienter wurde. Damit einher ging zugleich eine Veränderung (eine Steigerung!) des Konsums. Gemeinhin wird dieser Mehrkonsum auch als Wohlstandswachstum wahrgenommen, bezeichnet oder mit diesem gleichgesetzt. Die Menschheit wäre ohne die *Industrielle Revolution* heute eine gänzlich andere – die Welt wäre ohne die *Industrielle Revolution* heute eine gänzlich andere.

In diesem Zuge ist zu betonen, dass der Mensch das einzige bekannte Lebewesen ist, das seine Produktion und seinen Konsum bewusst zu steuern vermag. Aus dieser Tatsache erwächst zumindest die Verantwortung, Ursachen und Auswirkungen von Produktion und Konsum – insbesondere ausgelöst durch Effizienzsteigerungen –, besser zu verstehen. In diese Kerbe schlägt das nachfolgende Kapitel.

3 Alles wächst: Bevölkerung, Bedürfnisse, Wissen

3.1 Auswirkungen der Produktionsweise auf unsere Umwelt

Die Entwicklungen im Verlauf der industriellen Revolution(en) befähigten die Menschen zur Veränderung ihrer Umwelt. Die langsame, immer dagewesene Wandlung der Erde beschleunigte sich daraufhin enorm. Aufgrund dieser Auswirkung menschlichen Handelns gibt es Bestrebungen, ein neues Erdzeitalter zu benennen – das *Anthropozän*. Zum Vergleich: Das derzeitige (bzw. möglicherweise ausgelaufene) Zeitalter *Holozän* begann etwa vor 12.000 Jahren mit dem Ende der letzten großen Eiszeit (vgl. Fraedrich, 2016, S. 32) – ein aus menschlicher Perspektive langer Zeitraum, der jetzt zu Ende sein soll? Auf den ersten Blick scheint es schwer vorstellbar, dass ein ganzes Erdzeitalter nur wegen des Menschen enden bzw. beginnen soll. Und doch gibt es gute Gründe für die Proklamation des Anthropozäns.

Zuallererst ist die Veränderung der Zusammensetzung der Atmosphäre zu nennen. Bewegte sich die Konzentration von Kohlenstoffdioxid (CO_2) im Verlaufe des Holozäns in etwa im Bereich von etwa 250 bis 280 Partikeln pro Millionen Partikel in der Luft (ppm), ist mit dem Ausbruch der industriellen Revolution ein rascher Anstieg auf nun über 400 ppm zu verzeichnen (siehe Abbildung 1). Nicht nur veränderte sich in diesem Zuge die Zusammensetzung der Atmosphäre, auch führte diese Veränderung zu der globalen Klimaerwärmung – gemein als Klimawandel bekannt. Durch den Treibhauseffekt bleibt mehr Energie durch Sonneneinstrahlung in der Atmosphäre gebunden und führt zu einer stetigen Erderwärmung, der Abschmelzung von Gletschern, einem steigenden Meeresspiegel sowie verstärkter Wüstenbildung, um nur einige Aspekte zu nennen. Sensible Teile des Ökosystems können sich nicht schnell genug auf diese Veränderungen einstellen: Wir erleben auch durch die vergleichsweise schnelle Veränderung des Klimas derzeit ein Massenausstreben diverser Arten (vgl. Mosbrugger & Roller, 2016, S. 66). Von all diesen Faktoren ist auch der Mensch in hohem Maße betroffen.

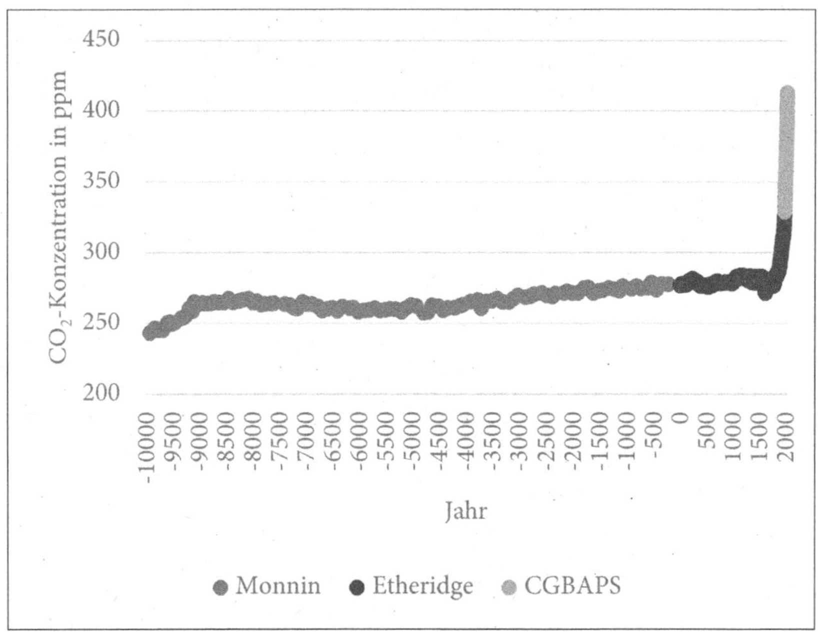

Abbildung 1: Entwicklung des Kohlenstoffdioxidgehalts in der Atmosphäre der Erde im Holozän (CSIRO, 2022; Etheridge, 2010; Monnin, 2006).

Zwar sind nicht alle Aspekte, die das Anthropozän ausmachen, direkt von Produktion und Konsum beeinflusst.[10] Jedoch ist vor allem der extreme

[10] So wird auch eine (geringfügige) oberirdische atomare Verseuchung durch Atombombentest als Argument für ein Anthropozän herangezogen. Die Ursachen hierfür sind nicht in Produktion/Konsum zu finden.

Anstieg der CO_2-Konzentration – ausgelöst durch die Verbrennung fossiler Energieträger – fundamental mit der Art zu produzieren verknüpft. Hier wird sehr eindrücklich, welche enorme Macht mit dem Erzeugen und Verbrauchen von Dingen einhergeht: Durch Produktion und Konsum ist die Beschaffenheit der Erde grundlegend verändert worden – bis hin zu einem neuen Erdzeitalter! Auch wird hier klar, dass diese Entwicklung nichts ist, das von selbst passiert: Menschen verursachen diesen Wandel, bewusst und unbewusst. Da vieles davon stark mit der Anzahl an Menschen auf dem Planeten verknüpft ist, ist ein Verständnis der Bevölkerungsentwicklung zentral. Das greift der kommende Abschnitt auf.

3.2 Bevölkerungsentwicklung früher und heute

Heute leben etwa acht Milliarden Menschen auf der Erde, täglich werden es mehr. Die Grenze von acht Milliarden Menschen wurde im November 2022 durchbrochen (United Nations, 2022a). Es gibt also immer mehr Menschen, die konsumieren und produzieren – und somit ihre Umwelt verändern. Auch in Zukunft wird die Bevölkerung weiter anwachsen. Laut einer Prognose der Vereinten Nationen ist es sehr wahrscheinlich, dass die Weltbevölkerung noch in diesem Jahrhundert die Grenze von zehn Milliarden Menschen überschreitet. Allerdings deutet sich eine Abschwächung des Wachstums an, die in einigen Jahrzehnten sogar zu einer rückläufigen Anzahl an Menschen führen könnte (United Nations, 2022b, 2022c).

Wirft man einen Blick in die Geschichte der Menschheit, wird klar, dass es immer wieder Phasen von Bevölkerungsrückgang gab. Der Pfarrer und Ökonom Thomas Robert Malthus erkannte im 18. Jahrhundert gar eine Wellenbewegung: Die Menschen vermehren sich, bis nicht mehr genug Land da ist, um alle zu ernähren. Dadurch entstehen Konflikte, Seuchen verbreiten sich, letztendlich sterben Menschen (vgl. Malthus, 1798, S. 521–

525). Dies wird auch als *Malthusianische Katastrophe* oder *Malthusianische Falle* bezeichnet. Die Reduktion der Bevölkerung schafft darauffolgend wieder Platz, damit sich die Übriggebliebenen vermehren können. Die dadurch entstehende Wellenbewegung wurde im Zuge der industriellen Revolution jedoch unterbrochen: Die Bevölkerungszahl stieg stark an, jedoch ohne dass die *Malthusianische Katastrophe* eintrat (vgl. Clark, 2007, S. 2). Zu Zeiten von Malthus, um 1800, lebten auf der Welt etwa eine Milliarden Menschen (Leisinger, 1993, S. 41); heute sind es deutlich mehr, etwa acht Milliarden. Das führt unweigerlich zu der Frage, wie die Menschheit es geschafft hat, aus der malthusianischen Falle auszubrechen.

Um dies zu verstehen ist es zunächst hilfreich, sich das *Demographic Transistion Model* vor Augen zu führen. Es beschreibt die demographische Entwicklung von Gesellschaften über die Geburten- und Sterblichkeitsrate und unterscheidet darin fünf Stufen (Roser, Ritchie, Ortiz-Ospina & Rodés-Guirao, 2019). Gesellschaften auf der ersten Stufe haben weitestgehend eine konstante Bevölkerungszahl. Zwar werden viele Kinder geboren, doch wird die Bevölkerung durch eine hohe Sterblichkeitsrate, besonders bei Kindern, zahlenmäßig mehr oder weniger im Gleichgewicht gehalten. In der zweiten Stufe nimmt die Sterblichkeitsrate stark ab. Gründe dafür liegen in einer besseren medizinischen Versorgung und höheren Hygienestandards oder etwa in einer geeigneteren Versorgung mit Nährstoffen (vgl. Cole, 2019, S. 56). Da die Geburtenrate jedoch auf einem hohen Niveau bleibt, kommt es zu einem starken Bevölkerungswachstum. Durch verschiedene Effekte – beispielsweise einer verstärkten Bildung oder mehr Erwerbschancen von Frauen – sinkt folgend jedoch auch die Geburtenrate (vgl. Cole, 2019, S. 56); das Bevölkerungswachstum verlangsamt sich (Stufe 3). Sind sowohl Geburtenrate als auch Sterblichkeitsrate auf einem niedrigen Niveau angekommen, entsteht wieder eine Situation, die eine stabile Bevölkerungszahl ermöglicht (Stufe 4). Abschließend kann in Stufe 5 ein weiteres Absinken der Geburtenrate beobachtet werden, woraus eine Reduktion der Bevölkerung resultiert.

Die unterschiedlichen Regionen der Erde befinden sich jedoch nicht alle auf derselben Stufe des *Demographic Transition Model.* Während sich beispielsweise viele afrikanische Länder noch in Stufe 2 befinden, sind die westlichen Industriestaaten und China eher in Stufe 5 zu verordnen. Wenn letztere Staaten wachsen, dann vor allem durch Zuwanderung, nicht aufgrund hoher Geburtenraten.

Nach Malthus müsste auf die Bevölkerungszunahme im *Demographic Transition Model* eine Phase überdurchschnittlicher Sterblichkeit folgen. Unsere Geschichte zeigt jedoch, dass dem zuletzt nicht so war. Grundlage für den Ausbruch aus der malthusianischen Falle war eine massive Steigerung der Effizienz in der Nahrungsmittelproduktion. Diese Effizienzsteigerung wird auch als britische landwirtschaftliche Revolution bezeichnet. Sie umfasst die große Steigerung landwirtschaftlicher Produktivität etwa von der Mitte des 17. bis zum Ende des 19. Jahrhunderts (vgl. Mingay, 1977). Die Veränderungen in der Landwirtschaft waren jedoch keine Auswirkung der ersten industriellen Revolution, sondern werden oftmals als eine weitere Voraussetzung für diese genannt (vgl. Pierenkemper, 1989, S. 7), denn ohne sie hätte die Bevölkerungszahl nicht in einem solch großem Maße ansteigen können. Die Gründe für die Steigerung der Effizienz in dieser landwirtschaftlichen Revolution sind dabei vielfältig. So wurde die sogenannte Fruchtfolge integriert, in deren Zuge auf den Feldern unterschiedliche Pflanzen im Wechsel angebaut wurden. Hinzu kam sowohl der Einsatz von natürlichen Düngemitteln als auch der Einsatz von neuen Pflanzen – am berühmtesten ist wohl die aus Südamerika eingeführte Kartoffel. Aber auch die Urbarmachung und Entwässerung weiterer Landschaften führte zu einer stärkeren Nutzbarkeit des Landes. Erwähnenswert sind auch Ertragserhöhungen durch verbesserte Züchtungen: So gaben beispielsweise Milchkühe im Laufe der Zeit deutlich mehr Milch. (vgl.

Apostolides, Broadberry, Campbell, Overton & van Leeuwen, 2008, S. 44; vgl. Overton, 1996, S. 5, 91, 102) Wie zu sehen ist, spielte die Automatisierungstechnik in dieser landwirtschaftlichen Revolution keine große Rolle. Ähnlich wie bei den obigen Beispielen zum Wischmopp oder Glühfaden sind die Möglichkeiten zur Steigerung der Effizienz durch solche (aus heutiger Sicht) simplen Maßnahmen jedoch begrenzt.

Spätestens aber im Zuge einer weiteren landwirtschaftlichen Revolution etwa ab den 1950er-Jahren, die auch *Grüne Revolution* genannt wird, ändert sich das: Die Züchtung hochertragreicher Sorten, der Einsatz von (Stickstoff-)Düngemitteln und Pestiziden, aber vor allem auch der Einsatz von komplexen Landmaschinen führten zu einer deutlichen Erhöhung der Effizienz in der Landwirtschaft – und zu einer deutlichen Erhöhung globaler Ernteerträge (vgl. Chambers, 1984, S. 362–365; vgl. Evenson & Gollin, 2003, S. 759). Ohne automatisierte landwirtschaftliche Maschinen wäre die moderne Landwirtschaft nicht denkbar.

Im 21. Jahrhundert könnte es abermals zu einer erheblichen Effizienzsteigerung in der Nahrungsmittelproduktion kommen. Besonders die künstliche Erzeugung von Nahrungsmitteln ist dabei in den Fokus gerückt. Ein Beispiel dafür ist künstlich erzeugtes Fleisch. Da aktuell 80 Prozent aller landwirtschaftlich genutzten Flächen dem Fleischkonsum dienen (insbesondere zum Futtermittelanbau), würde allein die Substitution von natürlichem Fleisch große Auswirkungen auf die landwirtschaftliche Effizienz[11] haben (vgl. Ritchie, 2017).

Die Menschheit hat es also geschafft, den Nahrungsmittelanbau zu skalieren – eine Grundvoraussetzung für das Ausbrechen aus der malthusianischen Falle und den starken Anstieg der Bevölkerungszahlen. Die Chancen stehen gut, auch in Zukunft genügend Nahrung zu produzieren, um

[11] Die Effizienz bezieht sich hier auf das Verhältnis produzierter Kalorien pro Fläche.

die Weltbevölkerung zu ernähren. Jedoch kommen vermeintliche neue Grenzen auf – die im kommenden Abschnitt einen Platz finden.

3.3 Die neue malthusianische Katastrophe

Heute finden wir uns in einer Welt wieder, die genügend Lebensmittel produzieren kann, um acht Milliarden Menschen zu ernähren (Laufmann, 2022); nur haben nicht alle einen ausreichenden Zugang zu diesen. Es ist – anders als zu Zeiten von Malthus – in weiten Teilen der Welt nicht mehr der landwirtschaftliche Ertrag, der das Bevölkerungswachstum begrenzt. Auch basieren Modelle, die demnächst eine sinkende Bevölkerung prognostizieren, nicht auf einer Reduktion durch Seuchen, Hunger und Kriege, sondern auf einer sinkenden Geburtenrate. Die Geburtenrate sinkt dabei vorwiegend, weil mit einer Veränderung der wirtschaftlichen und sozialen Kosten und Vorteile des Kinderkriegens auch eine Veränderung kultureller Werte einhergeht (vgl. United Nations, 2022b, S. 33). Im Juli 2022 ist die jährliche Wachstumsrate der Bevölkerung seit 1950 erstmals unter einem Prozent gefallen (United Nations, 2022c, S. I). Dennoch: Derzeit wächst die Bevölkerung und wird es mindestens noch ein paar weitere Jahrzehnte tun. Es scheint, als hätte sich Malthus‘ Theorie in der modernen Welt als falsch erwiesen. Und sollte sie im Grunde nicht falsch sein, so haben Effizienzsteigerungen zumindest aber die Grenze für eine malthusianische Katastrophe sehr weit nach hinten geschoben – und es gibt gute Anzeichen dafür, dass das auch in der Zukunft so weitergehen wird, z. B. durch die künstliche Produktion von Nahrungsmitteln.

Allerdings wächst nicht nur die Anzahl der Menschen. Zur gleichen Zeit wachsen auch die Konsumbedürfnisse. Eigentlich ist es falsch, von wachsenden Bedürfnissen zu sprechen – es wächst vielmehr der Konsum zur Befriedigung von Bedürfnissen. Die Bedürfnisse können nämlich auch schon vorher da gewesen sein und konnten möglicherweise nur nicht gestillt werden. So besteht in den Entwicklungsländern noch viel Potenzial nach oben bzw. Potenzial zur Angleichung an den Standard der westlichen Welt. Gleichzeitig wird der Standard in der westlichen Welt stetig höher. Der Konsum wird also wachsen. Nicht erst seit gestern stellt sich darum die Frage nach den Grenzen dieses Wachstums.[12]

Im Vordergrund der Wachstumsdebatte stehen heute nicht mehr landwirtschaftliche Flächen, sondern andere Ressourcen. Insbesondere fossile Energieträger sind betroffen, aber nicht nur die. In Bezug auf die konventionellen Energieträger wird dabei in zwei Richtungen diskutiert: Erstens geht es dabei um die Menge an Öl (oder anderen fossilen Energieträgern), die maximal zur Verfügung steht. Zweitens werden Auswirkungen einer steigenden atmosphärischen CO_2-Konzentration (oder anderen Treibhausgasen wie Methan) auf die Erde behandelt (vgl. Polimeni, Giampietro & Mayumi, 2008b, S. 2).

Eine Grenze, bei der unser Planet noch einen für Menschen geeigneten und erträglichen Zustand behält, wird im Weiteren als *Umweltbelastungsgrenze* bezeichnet. Hier drängt sich der Gedanke auf, den Ansatz von Malthus zu nutzen und gewissermaßen umzudefinieren: Nicht mehr ein schlechter Lebensstandard durch Nahrungsmittelknappheit könnte entscheidend für Krisen, Kriege und letztendlich ein Schrumpfen der Bevölkerung sein, sondern (1.) ein Mangel an fossilen Energieträgern und/oder (2.) eine wesentliche Verschlechterung der Lebensbedingungen durch Umweltbelastungen.

Abbildung 2 visualisiert das Problem: (1.) Die Menschen verursachen einen exponentiellen Anstieg des Verbrauchs an Ressourcen. (2.) Nun gibt es eine maximale Verfügbarkeit an Ressourcen, die irgendwann erreicht ist. Wenn eine nicht-erneuerbare Ressource aufgebraucht ist, kann sie nicht

---

[12] Spätestens seit dem Buch »Die Grenzen des Wachstums« des *Club of Rome* im Jahre 1972 ist diese Frage vieldiskutiert (Meadows, Meadows, Randers & Behrens, 1972).

erneut verbraucht werden, was zu einem abrupten Ende der Nutzung führt. (3.) Nun liegt die Umweltbelastungsgrenze – also beispielsweise die Grenze von CO_2 in der Luft – unter der Grenze des absolut möglichen Verbrauchs von fossilen Energieträgern.[13] Die Auswirkungen und Kosten, die durch das Überschreiten dieser Grenze entstehen, sind so stark zeitverzögert, dass sie den Rohstoffverbrauch vorher nicht maßgeblich bremsen.[14] (4.) Es ist also wichtig, den Verbrauch so zu steuern, dass die absolute Menge verbrauchter Ressourcen unterhalb dieser Umweltbelastungsgrenze bleibt. Wird diese Schwelle überschritten, kann das zu einer neuen Art malthusianischer Katastrophe führen, die ebenfalls mit einer starken Dezimierung der Weltbevölkerung einhergehen könnte – und das Leben auf der Erde für eine lange Zeit erschweren würde. Die »lange Zeit« ist insofern ein unbestimmt langer Zeitraum, weil eine natürliche Reduktion der CO_2-Konzentration eher einen Zeitraum von einigen tausend Jahren umfasst – viele dutzend Menschengenerationen.

---

[13] Wenn beispielsweise die Erhöhung der Durchschnittstemperatur von maximal 1,5 °C im Vergleich zur vorindustriellen Zeit als Umweltbelastungsgrenze angenommen wird, ist diese in etwa 25 Jahren erreicht (MCC, 2022). Die Verfügbarkeit von fossilen Rohstoffen ist aber weit länger als 25 Jahre gegeben. Es gibt aber möglicherweise Fördergrenzen bei anderen Rohstoffen, bei denen die Umweltbelastungsgrenze irrelevanter ist. Ein Beispiel dafür stellt die Knappheit von Sand als Baustoff dar (vgl. Beiser, 2019).

[14] Nicht nur besteht ein Zeitverzug, sondern auch ein örtlicher Verzug. So können die Auswirkungen an Orten sichtbar werden, an denen der CO_2-Ausstoß nicht primär stattfindet.

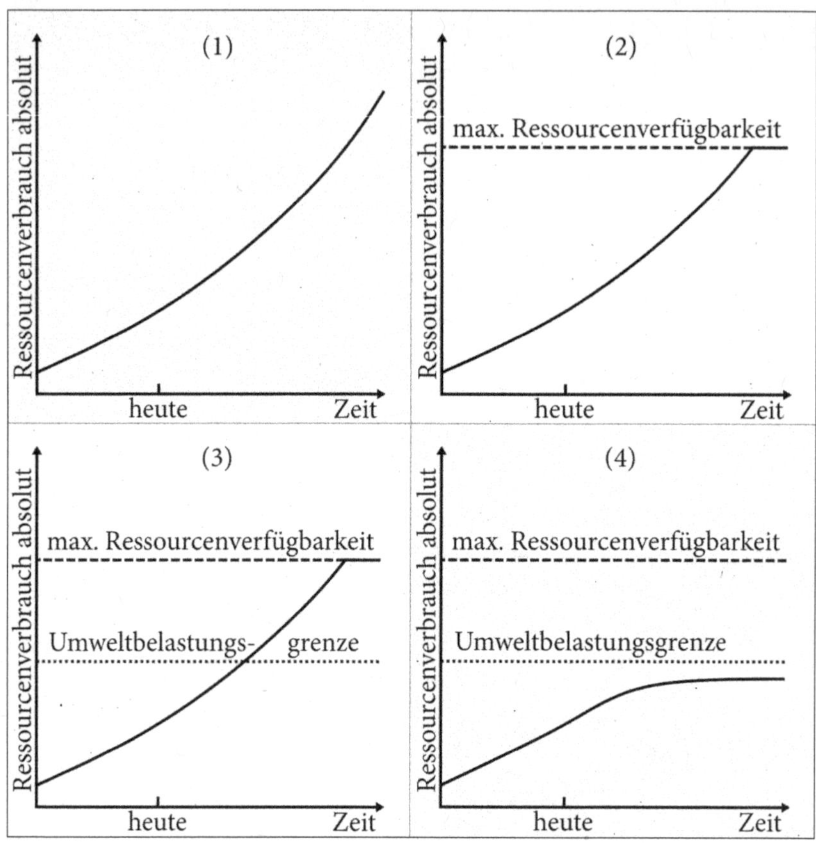

Abbildung 2: Ressourcenverbrauch, Ressourcenverfügbarkeit und Umweltbelastung.

Es muss jedoch auch darauf hingewiesen werden, dass nicht alle Wissenschaftler der Existenz einer begrenzten Ressourcenverfügbarkeit zustimmen. Libertäre Ökonomen wie Julian L. Simon proklamieren, dass Innovationen und Fortschritt solche Grenzen immer forttragen. So sei Energie durch die Sonne letztendlich unbegrenzt verfügbar – und alle Produkte könnten eines Tages recycelt werden (vgl. Simon, 1981, S. 43, 50). Auch ein unbegrenztes Bevölkerungswachstum sei nicht schädlich: Für Simon ist ein Wachstum der Bevölkerung sogar positiv in der Hinsicht, dass Knappheit Innovationen fördere (vgl. Simon, 1981, S. 199). Das erinnert an heutige

Positionen beispielsweise von Elon Musk, der einen Zusammenbruch der Zivilisation befürchtet, sollte die Bevölkerung nicht wachsen (BBC, 2022). Technologie ist aus dieser Perspektive die Lösung aller Probleme. Konträr sprechen Polimeni et al. im Zusammenhang solcher rettenden Technologien ironischerweise von »silver bullets« – Wunderwaffen, auf die zu hoffen naiv ist (vgl. Polimeni et al., 2008b, S. 2). Es scheint jedoch großer politisch-gesellschaftlicher Konsens zu sein, dass solche Wunderwaffen aufkommen, auch weil sich diese Vision der Zukunft leichter verkaufen ließe (vgl. Alcott, 2008, S. 27; vgl. Tainter, 2008, S. X–XI).[15]

Unabhängig davon, welcher dieser Argumentationen man nun mehr Gewicht beimisst, bleiben Umweltbelastungsgrenzen – wo auch immer sie genau liegen mögen – bestehen. Fest steht auch, dass sie nur unterschritten bleiben, wenn die Art und Weise, wie bisher produziert wird, eine Veränderung erfährt (und sei es durch neue »silver bullets«). Das setzt eine aktive Umgestaltung des Systems und die Entwicklung von Lösungen voraus. Wenn das nicht gelingt, wird eine Überschreitung dieser Grenze eine neue Malthusianische Katastrophe auslösen (vgl. Bretschger, 2020, S. 15; vgl. Hampshire-Waugh, 2021, S. 44; vgl. Lawlor, 2021).[16] Die Umweltverschmutzung als Ursache würde sich dann aber mit einer Abnahme der

---

[15] Solche »silver bullets« sind vor allem in promethianischen Techniken zu sehen. Der Begriff kommt aus einer Sage aus der griechischen Mythologie, in der Prometheus den Menschen das Feuer gibt. Promethianische Techniken sind solche, die sich nach der Implementierung selbst erhalten (vgl. Polimeni, Giampietro & Mayumi, 2008a, S. 173–174). Ein Beispiel für eine solche Wunderwaffe könnte der Einsatz von Genscheren und einer Biologisierung der Produktion sein. Biologische Systeme haben eine hohe Effizienz: Mit einem minimalen Aufwand an Energie und Materie führen sie ihre Funktion aus, die Evolution sorgt dank Selektionsdruck für die Eliminierung von Ineffizienzen. Ein weiteres Beispiel könnten Möglichkeiten sein, die sich aus künstlicher Intelligenz oder dem Einsatz von Kernfusion ergeben.

[16] Für Lebewesen, die nicht so anpassungsfähig wie der Mensch sind, findet für diese die Malthusianische Katastrophe durch die Überschreitung der Umweltbelastungsgrenze im Übrigen bereits jetzt schon statt.

Bevölkerungszahl nicht wieder auflösen – die Natur springt nicht schlagartig wieder in den vorherigen Status zurück, nur weil die Menschen weg sind. Der Weg zurück zum heutigen Status quo wäre wie bereits erwähnt ein langer.

Die Voraussetzungen dafür, eine realitätstaugliche Lösung zu finden, scheinen dabei noch nie besser gewesen zu sein als heute. Es lebten noch nie so viele Wissenschaftlerinnen und Wissenschaftler und noch nie wurden so viele wissenschaftliche Ergebnisse produziert und publiziert. Die Menge des verfügbaren Wissens wächst exponentiell; und mit ihr das Potenzial, die Grenzen einer neuen Malthusianischen Katastrophe nicht zu erreichen. Das kommende Kapitel zeigt dabei die Rolle der Automatisierungstechnik auf.

4 Malthus‘ Falle überwinden (mit Automatisierungstechnik)

4.1 Fortschritt der Technik

Das Ökosystem auf der Erde steht aufgrund der menschlichen Art und Weise zu produzieren und zu konsumieren vor erheblichen Herausforderungen, denn Produktion und Konsum waren in der Vergangenheit die entscheidenden Faktoren für die materielle Veränderung der Erde – und werden es auch in der Zukunft sein. Wie festgestellt ist die Automatisierungstechnik dabei ein wesentlicher Hebel zur Veränderung: Ihre Weiterentwicklung veranlasst die der Produktion. Oft ist hierbei auch vom »technischen Fortschritt« die Rede. Bisher wurde die Verwendung dieses Begriffes bewusst vermieden; Fortschritt impliziert nämlich immer eine Richtung der Entwicklung. Es wird zwischen »gutem Fortschritt« und »schlechtem Rückschritt« unterschieden. Das setzt eine Skala voraus, auf der wir »gut« und »schlecht« bewerten können. In der Regel wird diese Bewertung durch ein Ziel bestimmt: Fördert eine Entwicklung die Erreichung eines Ziels, ist sie »guter Fortschritt«, behindert sie dessen Erreichung, so ist sie ein »schlechter Rückschritt«. Wenn wir wie selbstverständlich von einem Fortschritt der (Automatisierungs-)Technik sprechen, impliziert das in den meisten Fällen also ein Ziel, das so allgemeingültig ist, dass alle dieses (unbewusst) teilen. Welches kann das sein?

Nähern wir uns der Frage vielleicht zunächst mit der Klarstellung, was kein Ziel sein kann. Ziel kann es nicht sein, einfach nur eine neue (andere) technische Lösung darzubieten. So kann eine neue technische Lösung einen Vorgang zwar auf eine neue Art und Weise ausführen, doch ist diese neue Art und Weise eben nicht zwangsläufig »besser« als die vorherige. Ein geeignetes Beispiel dafür stellen Rube-Goldberg-Maschinen dar. Hierbei handelt es sich um Konstrukte, die eine einfache Aufgabe über eine möglichst komplizierte Abfolge von Wirkungen ausführen – komplex, technisch raffiniert und dennoch unnötig. Um zum Beispiel Wasser in ein Glas einzufüllen, könnte man eine Murmel anstoßen, die einen Toaster einschaltet, mit dessen Hitze eine Schnur durchtrennt wird, an deren Ende ein Gewicht hängt, das ein Katapult auslöst, dessen Geschoss ein Buch umkippen lässt, welches wiederum eine Reihe von Büchern wie Dominosteine zum Umfallen bringt – und an deren Ende eine mit Wasser gefüllte Karaffe steht, die so fällt, dass das darin enthaltene Wasser in einem Glas aufgefangen wird. Zweifelsohne handelt es sich hierbei um eine neue technische Lösung, ein Glas mit Wasser zu befüllen. Niemand aber würde auf die Idee kommen, diese als »fortschrittlich« zu bezeichnen.

Vielmehr muss eine neue Lösung etwas »besser« als die vorherige können. Eine Technik wird gemeinhin als besser bezeichnet, wenn ihr Resultat monetär verwertbar ist, also Gewinn bringt – mehr Gewinn bringt als die vorherige Lösung. Dieser monetäre Ansatz folgt einem kapitalistischen Dogma. Eine neue Technik bringt beispielsweise mehr Geld, indem sie zu Arbeitseinsparungen führt, Dinge schneller macht, weniger Ausschuss produziert. Technologie folgt diesem Ziel in der Regel also, wenn sie Prozesse effizienter macht. Eine höhere Effizienz geht gemeinhin mit dem Prinzip der Gewinnmaximierung einher. Gesamtwirtschaftlich aber ist die Maximierung von Gewinn nicht zwingend auch daran gekoppelt, (1.) Ressourcen nicht aufzubrauchen oder (2.) die Umweltbelastungsgrenze des Lebens auf dem Planeten nicht zu erreichen. Hier scheint eine Veränderung des Ziels – und somit eine Änderung der Bewertung technischen Fortschritts – notwendig, wenn sich wirtschaftliches Handeln an den beiden genannten Herausforderungen orientieren soll. Aus diesem Grund wird im Folgenden nun versucht, ein neues Ziel zu formulieren, welches die neuen malthusianischen Grenzen einbezieht.

Was also wäre ein Ziel, hinter dem sich viele Menschen versammeln können und an dem sie, ohne es auszusprechen (oder vielleicht sogar ohne sich dessen bewusst zu sein), das übergeordnete Handeln einer Gesellschaft messen? Damit ein Ziel möglichst allgemeingültig ist, sollte es auf möglichst wenigen kulturellen Normen und sozialen Konstruktionen aufbauen. Das ist vor allem auf einer abstrakteren Ebene der Fall, die nicht Teil der täglichen Gedankenwelt ist. Vom ganz Allgemeinen zum Speziellen drängen sich vier solcher Ziele auf: (1.) Rettung des kohlenwasserstoffbasierten Lebens an sich, (2.) Rettung der Menschheit, (3.) Aufrechterhaltung der Zivilisation und (4.) Wohlstand für alle.[17] Diese Ziele bauen dabei aufeinander auf und können als Vorschlag für einen Maßstab genommen werden, an dem technischer Fortschritt bewertet werden kann. Ein Maßstab ist an dieser Stelle nötig, weil es ohne einen solchen unmöglich ist, Bedingungen zu formulieren, unter denen die Automatisierungstechnik zu einer höheren Nachhaltigkeit beiträgt. Das hintere Ziel kann ohne das vordere nicht erreicht werden, womit die vorderen Ziele eine höhere Priorität haben. Sie werden nun kurz weitergehend erläutert:

1. Priorität (Rettung des Lebens): Wenn es ein Ziel gibt, dass möglichst frei von sozialen Konstruktionen ist, dann ist es der Fortbestand des kohlenwasserstoffbasierten Lebens selbst.[18] Mit »Leben« sind hierbei

---

[17] Diese Ziele sind nicht abschließend wahr, sondern werden hiermit zugleich zur Diskussion gestellt. Wer bessere findet, ist gebeten, sich in die Diskussion einzuklinken. Für das weitere Verständnis dieses Buches reicht es aber, sie als zutreffend anzunehmen.

[18] Vielleicht gibt es auch ein höheres Ziel des Lebens, das wir aufgrund der Beschränktheit unserer Wahrnehmung nicht sehen (können).

Lebewesen, Tiere und Pflanzen, zu verstehen.[19] Dabei ist die Frage, ob das Leben auf der Erde oder anderswo stattfindet, erst einmal unerheblich.[20]

2. Priorität (Rettung der Art *homo sapiens sapiens*): Eine Rettung des Lebens im Allgemeinen bedeutet noch nicht, dass auch speziell eine einzelne Art – zum Beispiel der moderne Mensch – von dieser Rettung mit einbezogen ist. Die zweite Priorität erweitert das Ziel also speziell auf die Rettung der Menschen.

3. Priorität (Aufrechterhaltung von Zivilisation): Die Rettung der Menschen wäre auch erreicht, wenn eine kleine Population in Höhlen leben, wilde Tiere jagen und Beeren sammeln würde – und somit auf den Status vor der Beherrschung des Feuers zurückfiele. Dahin zurück kann keiner wollen. Es ist darum ein Ziel von hoher Priorität, das erreichte Wissen sowie die Vielfalt und Anzahl an Menschen und Kulturen zu bewahren – im weitestgehenden Sinne also die Zivilisation aufrechtzuhalten. Damit ist jedoch keine Zementierung des Status quo gemeint; die Zivilisation kann und muss sich weiterentwickeln, veränderlich sein.

Dieses Ziel beinhaltet auch, dass weiterhin Leben auf der Erde stattfindet. Wird die auf Menschen zentrierte Sichtweise verlassen, so ist für die Aufrechterhaltung von Zivilisation zudem ein intaktes Ökosystem relevant. Hierzu zählt auch der Schutz anderer Lebewesen, die letztendlich

---

[19] Die Frage, inwieweit künstliche Intelligenz auch als Leben klassifiziert werden kann, wird in der Zukunft eine spannende werden. Hier wird künstliche Intelligenzen nicht inkludiert.

[20] Bewusst wird hier nicht die »Rettung der Erde« als Ziel angegeben. Ohne Leben ist die Erde auch nur ein großer Klumpen Materie – und den Planeten wird durch die Menschen wohl kaum gesprengt werden. Dass das Leben auf der Erde stattfinden sollte, ist Teil von Priorität 3.

auch zu einem symbiotischen Miteinander auf der Welt führen. Ein Schutz anderer Arten geht also einher mit dem Schutz der eigenen Art.

4. Priorität (Schaffung eines Lebens in Wohlstand für alle): Es soll allen gut gehen. Diese Aussage ist nicht logisch zwingend, aber die allermeisten Menschen würden ihr zustimmen. Sie meint, dass Menschen nicht frieren oder hungern sollen und ihnen ein Leben in Wohlstand möglich ist. Dabei ist die Diskussion um das, was »Wohlstand« eigentlich ist, eine sehr berechtigte. Wird der Wohlstand auf Staatenebene klassischerweise durch das Bruttoinlandsprodukt (BIP) ausgedrückt, kommen neuerdings auch alternative Erklärungsversuche auf. Diese beziehen andere Faktoren von Lebensqualität mit ein, wie freie Meinungsäußerung, gesunde Umwelt etc. (vgl. Bofinger, 2020, S. 635–636; von der Lippe, Breuer, Diefenbacher, Zieschank & Brachinger, 2010).

Die Überschreitung der neuen malthusianischen Grenzen führt dazu, dass diese Ziele nicht erreicht werden. Zunächst wird der Wohlstand aller bedroht, weil knappere Ressourcen unweigerlich dazu führen, dass manche zu diesen keinen Zugang haben (4. Priorität). Zudem können sich nicht alle gleichermaßen vor Umwelteinflüssen abschotten. Jedoch werden zunächst nicht alle Menschen ein schlechtes Leben haben.[21] Die Zivilisation bleibt so lange bestehen, bis keine Ressourcen mehr vorhanden sind, um diese aufrechtzuerhalten (3. Priorität). Das kann sich schon darin äußern, dass ressourcenbedingt Theater aufgelöst werden oder Rechenzentren nicht mehr betrieben werden können. Wenn viele Menschen sterben, beschädigt das die Zivilisation zudem stark. Das nächste übergeordnete Ziel (2. Priorität) würde jedoch erst bei einer enormen ökologischen Kata-

---

[21] Wenn eine Gleichverteilung aller Ressourcen dazu führen würde, dass alle zu wenig haben, wird eine stärkere Ungleichheit bei der Verteilung der Ressourcen die Folge sein. Einige werden viel zu wenig haben, während andere auskömmlich versorgt sind.

strophe angetastet: Alle größeren Säugetiere würden bei einer solchen früher oder später sterben – auch der Mensch. Das erste Ziel (1. Priorität) scheint also auch durch eine Überschreitung der neuen malthusianische Grenzen beinahe unantastbar – irgendwo wird immer ein Pflänzchen stehen bleiben oder ein Bakterium überleben.

Die alltägliche Gedankenwelt bewegt sich weitestgehend im Rahmen der vierten Priorität, das wirtschaftliche Handeln ist ebenfalls weitestgehend auf dieses Ziel ausgerichtet. Möglicherweise führt das dazu, dass die anderen Ziele aus dem Fokus verschwinden. So ist es denkbar, dass Handlungen zur Verbesserung von Ziel 4 den davor gelagerten entgegenwirken. Da die Ziele aber aufeinander aufbauen, wäre das auf lange Sicht kein gutes Vorgehen. Daher ist es wichtig, die bisherigen Handlungen – insbesondere die Technikentwicklung – in Bezug auf die genannten Ziele abzugleichen und dann zu entscheiden, ob sie fortschrittlich oder doch eher rückschrittlich sind. Im derzeitigen Wirtschaftssystem werden Effizienzsteigerungen als fortschrittlich bezeichnet, wenn sie zu Kostensenkungen und Wettbewerbsvorteilen führen – letztendlich aktuell den monetären, materiellen Wohlstand erhöhen. Das heißt aber nicht automatisch, dass Effizienzsteigerungen den vorgelagerten Zielen nicht auch entgegenstehen. Ob Effizienzsteigerungen auch aus Sicht der anderen genannten Ziele fortschrittlich sind, wird im Folgenden diskutiert. Dazu wird zunächst die Perspektive der Unternehmen betrachtet, die Automatisierungstechnik herstellen.

4.2 Ziele von Automatisierungstechnikherstellern

Effizienzsteigerungen kommen nicht von selbst, sondern werden durch Menschen in Unternehmen herbeigeführt. Dabei sind es besonders die Hersteller von Automatisierungstechnikkomponenten, die die Effizienz der Produktion beeinflussen. Der Effekt ihres Handelns kann den Herstellern kaum verborgen geblieben sein. Auch deswegen lohnt sich ein Blick auf deren Selbstverständnis. Im Weiteren werden aus diesen Gründen Unternehmensaussagen zu Effizienzsteigerungen aufgezeigt und analysiert; ferner betrifft das Aussagen zu den generellen Zielen der Unternehmen sowie speziell zum Themenbereich Nachhaltigkeit. Dabei geht es nicht darum, einzelne Unternehmen zu bewerten oder besonders herauszustellen, sondern vielmehr darum, ein generelles Verständnis für die zusammenfassende Sichtweise der Automatisierungshersteller zu erlangen, sofern es eine solche gibt. Auch wird hier ohnehin nur ein Ausschnitt von Unternehmen betrachtet, der keinen Anspruch auf Vollständigkeit erhebt.

Das weltweit größte Automatisierungstechnikunternehmen, Siemens, schreibt zum Thema Nachhaltigkeit auf seiner Unternehmenswebsite, dass es seit nunmehr 175 Jahren der Antrieb von Siemens ist, mit »Technologien das Leben von Menschen auf der ganzen Welt zu verbessern« (Siemens, 2022). Der Unternehmenszweck »Transform the Everyday – Technologien, die dem Menschen dienen« schlägt in dieselbe Kerbe (vgl. Siemens, 2021, S. 21). Dieses Ziel entspricht weitestgehend auch dem hier definierten Ziel 4 (Wohlstand für alle), wenngleich die Formulierung sehr allgemein ist. Etwas konkreter wird Siemens im Nachhaltigkeitsbericht 2021: Dieser beginnt mit der Erwartungshaltung, »mit weniger Ressourcen mehr Lebensqualität [zu] schaffen«.[22] Weiter wird ausgeführt, dass der steigende CO_2-Anstieg der Preis für diesen Fortschritt sei. Lösungsvorschlag ist, wirtschaftliches Wachstum vom Ressourcenverbrauch zu entkoppeln. Das war »in den vergangenen Jahrzehnten« bei mehr als 30 Nationen erfolgreich (vgl. Siemens, 2021, S. 4).

---

[22] Die Verbesserung der Lebensqualität ist auch wesentliches Ziel von Rockwell Automation: »Unser Ziel ist es, die Lebensqualität für Alle zu verbessern, indem wir die Welt produktiver und nachhaltiger machen.« (Rockwell Automation, 2022)

Der Bezug auf den Ressourcenverbrauch anstatt auf den Energieverbrauch geschieht vor dem Hintergrund, dass die Nutzung erneuerbarer Energie keine oder weniger Treibhausgasemissionen verursacht. Hier wird beispielhaft deutlich, dass der Verbrauch unterschiedlicher Energien unterschiedlich bewertet werden muss. Tatsächlich konnte 2014 erstmals ein globales Wirtschaftswachstum beobachtet werden, ohne dass die Menge an ausgestoßenen Treibhausgasen stieg (vgl. Handrich, Kemfert, Mattes, Pavel & Traber, 2015, S. 5). Zudem kann eine sinkende Energieintensität[23] konventioneller Energieträger beobachtet werden – es muss also für die gleiche Wirtschaftsleistung relativ weniger Kohle, Öl und Gas verbrannt werden (vgl. Handrich et al., 2015, S. 27).

Das von Siemens genutzte Argument zielt in der Konsequenz also auch darauf ab, erneuerbare Energieträger weiter auszubauen. Das ist vor dem Hintergrund, dass der Anteil konventioneller, fossiler Energieträger bei knapp unter 80 Prozent liegt (vgl. REN21, 2022, S. 37), notwendige Voraussetzung zum Erreichen dieses Ziels. Hier setzt auch das Bild der Zukunft von Phoenix Contact an, in dem eine *All Electric Society* herbeigestrebt wird:

> »Das Zukunftsbild der All Electric Society beschreibt eine Welt, in der Energie aus erneuerbaren Ressourcen in ausreichendem Maße und bezahlbar zur Verfügung steht. Neben der konsequenten Erzeugung und Nutzung regenerativer Energie sind die Senkung des primären Energiebedarfs durch Effizienzmaßnahmen und die Schaffung von intelligenten und vernetzten Systemen die Schlüssel für eine nachhaltige Zukunft.« (Phoenix Contact, 2022)

[23] Die Energieintensität beschreibt die Relation von eingesetzter Energie und monetären Ergebnis (bspw. eingesetzte Energie für die Erreichung des Umsatzes eines Unternehmens oder BIP eines Staates).

Bemerkenswert hier ist, dass trotz des Ausbaus erneuerbarer Energiequellen der Primärbedarf an Energie – wozu auch erneuerbare Energien zählen können – durch Effizienzsteigerungen kontinuierlich gesenkt werden soll. Dieses Bild der Zukunft geht also nicht von einem stetig steigenden Energiebedarf aus.

In seinem einheitlichen globalen Unternehmensziel verkündet Energietechnikhersteller Emerson: »Wir treiben Innovationen voran, welche die Welt gesünder, sicherer, intelligenter und nachhaltiger machen.« (Emerson, 2022a). Dabei ist Emerson durch den Planeten Erde motiviert: »Wir liefern nachhaltige Lösungen, die die Effizienz verbessern, Emissionen reduzieren und Ressourcen schonen.« (Emerson, 2022b).

Während der Blick von Phoenix Contact sehr auf die Energie fokussiert ist, bezieht sich Emerson allgemein auf Ressourcen – und schließt damit auch andere Ressourcen ein, die im Produktionsprozess benötigt werden und eine endliche Verfügbarkeit besitzen. Auf eine optimale Nutzung sowohl von Energie als auch Material/Ressourcen[24] fokussiert sich auch das Unternehmensziel des Elektrotechnikunternehmens Schneider Electric: »Das Ziel von Schneider besteht darin, die optimale Nutzung von Energie und Ressourcen zu ermöglichen und damit den Weg zu Fortschritt und Nachhaltigkeit für alle zu ebnen.« (Schneider, 2022) Dabei bleibt die konkrete Umsetzung der Interpretation dem Leser überlassen. Etwas ausführlicher benennt der Automatisierungstechnikhersteller Beckhoff Automation seinen Lösungsansatz. Er schreibt zum Thema Nachhaltigkeit und Wachstum auf der Unternehmenswebsite:

---

[24] Hier wird der Begriff »Ressourcen« für Material verwendet. In den meisten Stellen in diesem Buch sind mit den Ressourcen aber auch die fossilen Energieträger gemeint und somit indirekt auch die Energieträger mit abgedeckt.

»Die Menschheit wächst stetig, und erfreulicherweise nimmt der Wohlstand weltweit zu. Damit wächst aber auch der Bedarf an Rohstoffen und Energie, über die unser Planet nicht endlos verfügt. Um die Bedürfnisse aller Menschen zu erfüllen, sind daher kontinuierlich verbesserte Produktionsprozesse notwendig, die helfen, Energie und Materialeinsatz zu reduzieren. Diese Herausforderung muss von den Ingenieuren in allen Bereichen der Technologie weltweit gemeistert werden [...]. Daher ist Beckhoff überzeugt, dass ›... die Ingenieure die Welt retten müssen!‹

Beckhoff Automation liefert hierfür die notwendige Basistechnologie. Unsere PC-Control-Steuerungstechnik ermöglicht äußerst kurze Zykluszeiten, die den Durchsatz von Maschinen verbessern und damit deren Effektivität erhöhen [...].

All diese Technologien helfen, die Effektivität von Prozessen zu optimieren; das heißt, den Energie- und Rohstoffverbrauch zu reduzieren und die Qualität und Wirtschaftlichkeit zu verbessern. Ökologische und ökonomische Anforderungen können zur selben Zeit erfüllt werden und stehen nicht im Gegensatz zueinander! [...]

Der größte Beitrag, den wir als Unternehmen zum Schutz unseres Planeten leisten, sind unsere Innovationen.« (Beckhoff Automation, 2022)

Beckhoff Automation geht hier sowohl auf die Problembeschreibung als auch auf die Effekte der Technologie detaillierter ein. Als zentrales Problem wird hier nicht die Umweltbelastungsgrenze, sondern die endliche Verfügbarkeit von Ressourcen angegeben. Effizienzsteigerungen[25] seien das Mittel, um Energie und Material einzusparen. Automatisierungstechnikkom-

[25] Beckhoff Automation schreibt hier zwar von Effektivitätssteigerungen, die hier aber mit Effizienzsteigerungen einhergehen.

ponenten würden die Basis darstellen, um jenes zu erreichen. Hervorzuheben ist hier die konkrete Formulierung, dass Ingenieure die Welt retten müssen: Es wird erkannt, dass die Auswirkung der eigenen Produkte auf die Welt größer ist als z. B. die Wirkung durch eine ökologische Führung des eigenen Unternehmens.

Die Zielsetzung von Mitsubishi Electric hebt sich von den anderen Unternehmen etwas ab. So soll »durch ständige technologische Innovation und unermüdliche Kreativität zur Schaffung einer lebendigen und entspannten Gesellschaft« beigetragen werden (Mitsubishi Electric, 2022). Allerdings hat auch Mitsubishi Electric kürzlich eine Kampagne gestartet, mit welcher der Effekt von Fabrikautomatisierung für eine nachhaltige Zukunft herausgestellt werden soll (Mitsubishi Electric, 2023).

Zusammenfassend erkennen die genannten Automatisierungstechnikhersteller, dass es ein Problem mit der derzeitigen Nutzung der Ressourcen gibt. Auch erkennen sie, dass die Nutzung der Ressourcen durch die Effizienz von Produktionsprozessen beeinflusst werden kann. Die grundlegende Idee besteht nun darin, die Effizienz so weit zu erhöhen, dass dadurch sowohl die wachsende Weltbevölkerung als auch das ansteigende Wohlstandsniveau im Mindesten ausgeglichen werden. Ihr Lösungsvorschlag besteht also darin, neue Technik zu entwickeln und durch diese eine Effizienzsteigerung herbeizuführen. Zugespitzt zusammengefasst werden kann dieser Anspruch durch den Ausspruch von Beckhoff Automation, dass »Ingenieure die Welt retten müssen«. Auf diese Sichtweise, die Effizienzsteigerungen als Lösung von Problemen sieht, geht der folgende Abschnitt näher ein.

4.3 Effizienz als Lösung

Aus der Unternehmensanalyse – insbesondere aus den ausführlichen Ausführungen von Beckhoff Automation – ergeben sich drei wesentliche Faktoren, die auf den Verbrauch von Material und Energie einen großen Einfluss haben: (1.) Das Wachstum der Bevölkerung, (2.) eine Wohlstandssteigerung und (3.) die Verbesserung der Effizienz. Im Weiteren werden diese Variablen in einem Modell zusammengefasst (siehe Formel 3). Bevölkerungs- und Wohlstandswachstum erhöhen dabei den Verbrauch von Ressourcen, Effizienzsteigerungen senken den Verbrauch. Wenn der Verbrauch sinken soll, muss also die Effizienzsteigerung größer sein als das Produkt von Bevölkerungs- und Wohlstandssteigerung. Da die Unternehmen auf das Bevölkerungs- und Wohlstandswachstum keinen Einfluss nehmen können, ist der überbleibende Hebel die Effizienz.

$$Verbrauch_{nachher} = \frac{Verbrauch_{vorher} * Bev.-wachstumsr.* Wohlstandswachstumsrate}{Effizienzsteigerung} \tag{3}$$

Alternativ kann dieser Zusammenhang statt mit Multiplikation und Division der Faktoren auch mit Addition und Subtraktion gezeigt werden (siehe Formel 4). Die Korrektur durch die Einsen geschieht, weil nur die prozentuale Steigerung/Verminderung relevant ist (mit einer 1 werden 100 Prozent ergänzt/abgezogen).

$$\begin{aligned} Verbrauch_{nachher} = {} & Verbrauch_{vorher} \\ & * (1 + Bevölkerungswachstumgsrate - 1 \\ & + Wohlstandswachstumsrate - 1 \\ & - Effizienzsteigerung + 1) \end{aligned} \tag{4}$$

Der Unterschied der beiden Formeln besteht darin, dass bei der oberen (Formel 3) davon ausgegangen wird, dass die Wohlstandssteigerung auf die neu hinzukommende Bevölkerung bereits zutrifft (die Effizienzsteigerungen aber auch schon wirksam werden). Das ist so, weil die Faktoren miteinander multipliziert werden. Bei der unteren Formel 4 werden Faktoren also erst in der Folgeperiode wirksam. Steigt der Verbrauch, so steigt er mit Formel 3 damit geringfügig schneller als in Formel 4. Bei langen Abständen der betrachteten Zeitpunkte (z. B. 10 Jahre) ist es sinnvoll, Formel 3 einzusetzen. Werden beispielsweise Zeiträume von 10 Jahren genutzt, haben die in den zehn Jahren hinzugekommenen Personen auf jeden Fall auch schon am Ressourcenverbrauch mitgewirkt.

In Tabelle 1 ist ein Rechenbeispiel zu finden, bei dem beispielsweise von einem jährlichen Wohlstands- und Bevölkerungswachstum von jeweils sechs Prozent und einer Effizienzsteigerung von jährlich zwei Prozent ausgegangen wird. Mit einer zunehmenden Länge der betrachteten Periode vergrößert sich der Abstand des Ergebnisses (ein Jahr: 0,0016, zehn Jahre: 0,0057).[26] Im Weiteren wird mit der Rechnungsversion verfahren, in der multipliziert bzw. dividiert wird.

Rechenart	**ein Jahr**	**zehn Jahre**
Multiplikation/ Division	$\frac{1,06 * 1,06}{1,02} = 1,1016$	$\sqrt[10]{\frac{1,06^{10} * 1,06^{10}}{1,02^{10}}} = 1,1057$
Addition/ Subtraktion	$1 + 1,06 - 1 + 1,06 - 1 - 1,02 + 1 = 1,1000$	$1 + \sqrt[10]{1,06} -1 + \sqrt[10]{1,06} -1 - \sqrt[10]{1,02} +1 = 1,1000$

Tabelle 1: Vergleich der Anwendung von Formeln.

Bevor mit der Formel gerechnet werden kann, müssen die jeweiligen Variablen weiter definiert werden. Mag die Bevölkerungswachstumsrate noch einfach zu ermitteln sein, sieht das bei der Steigerung der Effizienz schon

[26] Nichtsdestotrotz sind beide Formeln Vereinfachungen, da nicht jede neu dazukommende Person den gleichen Ressourcenbedarf hat. Das neugeborene Baby braucht bspw. weniger Ressourcen als ein erwachsener Mensch.

ganz anders aus: Eine globale Ermittlung der Ressourceneffizienz erscheint schwer möglich. Leicht zugänglich dahingegen sind Angaben zum Energieverbrauch, womit im Weiteren der stoffliche Bereich der Produktion zunächst ausgeklammert wird. Zur Berechnung der Variablen werden also Daten zur Bevölkerungszahl, zur wirtschaftlichen Entwicklung (als inflationsbereinigtes BIP) und zum absoluten Energieverbrauch genutzt. Aus deren Verhältnissen können folgende Variablen gewonnen werden (siehe Abbildung 3):

- **Energieintensität:** Aus dem Verhältnis von inflationsbereinigtem BIP und Energieverbrauch ergibt sich die Energieintensität. Diese Kennzahl gibt Auskunft über die Energieeffizienz bezogen auf die Wirtschaftsleistung. Sinkt die Energieintensität, dann kann mit der gleichen Energie mehr BIP erzeugt werden oder mit weniger Energie das gleiche BIP.
- **Wohlstand pro Kopf:** Aus dem Verhältnis von BIP und Bevölkerungszahl kann dahingegen eine Aussage über das BIP pro Kopf ermittelt werden, das hier als Wohlstand pro Kopf bezeichnet wird.
- **Energieverbrauch pro Kopf:** Die dritte Kombination stellt das Verhältnis von Bevölkerungszahl und Energieverbrauch dar. Eine Verringerung des Pro-Kopf-Verbrauchs deutet auf eine Steigerung der Effizienz hin.

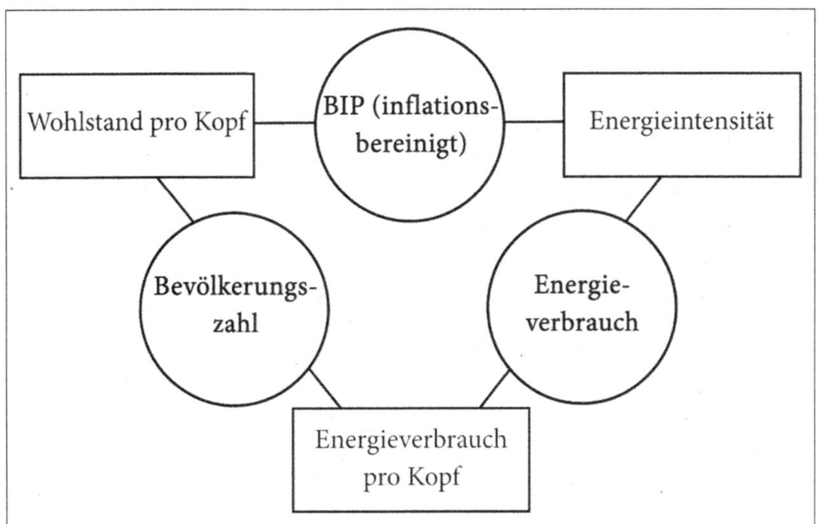

Abbildung 3: Zusammenhang von BIP, Bevölkerungszahl und Energieverbrauch.

Um nun das Bevölkerungswachstum zu berechnen, ist die Bevölkerungszahl zu zwei Zeitpunkten zu vergleichen. Das Wohlstandswachstum kann auf die gleiche Weise durch einen Vergleich des Wohlstands pro Kopf ermittelt werden. Für die Effizienzsteigerung ist die Veränderung des Energieverbrauchs pro Kopf jedoch kein gutes Maß, da hier das Wohlstandswachstum verzerrend wirkt: Durch ein höheres BIP pro Kopf steigt auch der Energieverbrauch pro Kopf. Der durch das Wohlstandswachstum (Erhöhung des BIP pro Kopf) erhöhte Energieverbrauch kann allerdings herausgerechnet werden (siehe Formel 5). BIP_i beschreibt dabei das BIP zum Zeitpunkt i. E_i den Energieverbrauch zum Zeitpunkt i, P_i die Bevölkerungszahl zum Zeitpunkt i. Der Index n dahingegen bezieht sich auf den Wert der Periode, die verglichen werden soll. Dadurch wird der Wohlstand pro Kopf ($\frac{BIP}{P}$) zum Zeitpunkt n normiert. Wenn man z. B. 2000 und 2020 vergleichen möchte, stellt man sich somit die Frage: Wenn 2000 bereits das Wohlstandslevel von 2020 bestanden hätte, wieviel Energie wäre dann im Jahr 2000 allein durch diesen Aspekt mehrverbraucht worden?

$$Effizienz_i = \frac{\frac{BIP_n}{P_n}}{\frac{BIP_i}{P_i}} * \frac{E_i}{P_i} \quad (5)$$

Nach der Definition der Variablen können nun Zahlen eingesetzt werden. Die dadurch errechneten Werte sind Tabelle 2 zu entnehmen. In den 20 Jahren zwischen 2000 und 2020 ist die Weltbevölkerung um 1,22 Prozent pro Jahr gewachsen (United Nations, 2022b, 2022c). Der durchschnittliche Wohlstand – gemessen als inflationsbereinigtes BIP pro Kopf – ist in dieser Zeitspanne um 0,47 Prozent jährlich gestiegen (International Monetary Fund, 2022). Das Produkt dieser beiden Anteile liegt bei 1,70 Prozent. Über die Formel 5 wird ein Effizienzwachstum beim Energieverbrauch von jährlich 1,19 Prozent ermittelt.[27] Dieser Wert trifft damit in etwa auf Schätzungen zur Steigerung der Produktivität zu, die in Industrienationen in den letzten 20 Jahren etwa auf diesem Niveau lag (vgl. Sachverständigenrat, 2019, S. 100).[28] Dadurch ergibt sich für die betrachteten 20 Jahre rechnerisch ein Mehrverbrauch von jährlich 1,50 Prozent ($Verbrauch_{nachher} = \frac{Verbrauch_{vorher}*1{,}0122*1{,}0147}{1{,}0119} = 1{,}0150 * Verbrauch_{vorher}$). Dieser Wert entspricht auch dem tatsächlichen Wachstum des Verbrauchs (siehe **Fehler! Verweisquelle konnte nicht gefunden werden.**, Zeile »Energiebedarf«).[29]

Festzuhalten bleibt, dass hier eine Steigerung der Effizienz von jährlich 1,19 Prozent ermittelt wird. Damit einhergehend wird auch eine leicht

---

[27] Hier wird deutlich, dass die so ermittelte Energieeffizienzsteigerung nur der Kehrwert der prozentualen Veränderung der Energieintensität ist.

[28] Zum Vergleich: Ohne die Korrektur des Wohlstandswachstums läge die errechnete Effizienzsteigerung nur bei 0,27 Prozent jährlich (siehe Zeile »Energiebedarf pro Kopf«).

[29] Die Differenz von 0,01 ergibt sich aus Rundungen.

fallende Energieintensität bestätigt, wie sie bereits oben in der Unternehmensanalyse aufgezeigt wurde.

Variabel	**2000**	**2020**	**Jährliche Steigerung**[30]
Globales BIP	34.016,10 Mrd. USD	85.238,62 Mrd. USD	4,70 %
Globales BIP inflationsbereinigt[31]	50.027,51 Mrd. USD	85.238,62 Mrd. USD	2,70 %
Bevölkerungszahl	6,15 Mrd. Menschen	7,84 Mrd. Menschen	**1,22 %**
Energiebedarf	112.373 TWh	151.164 TWh	1,49 %
BIP pro Kopf	8.134,56 USD/Mensch	10.872,27 USD/Mensch	**1,47 %**
Energieverbrauch pro Kopf	18.272,03 kWh/Mensch	19.281,12 kWh/Mensch	0,27 %
Effizienz	24.421,56 kWh/Mensch	19.281,12 kWh/Mensch	**1,19 %**
Energieintensität	2,25 kWh/USD	1,77 kWh/USD	-1,19 %

Tabelle 2: Variablen im Vergleich, 2000-2020.

Es zeigt sich deutlich, dass die Verbesserung der Effizienz wesentlich geholfen hat, das Wachstum des Gesamtverbrauchs an Ressourcen zu dämpfen. Zum Vergleich: Eine jährliche Steigerung des Ressourcenverbrauchs über 1,50 Prozent hatte hier über 20 Jahre ein Wachstum an verbrauchten Ressourcen von etwa 35 Prozent zur Folge. Hätten über diese 20 Jahre keine

---

30 $\sqrt[20]{\frac{Wert\ von\ 2020}{Wert\ von\ 2000}}$

31 Hier erfolgt die Annahme von durchschnittlich jährlich zwei Prozent Inflation in dem Zeitraum.

Effizienzsteigerungen stattgefunden, würde das Wachstum des Verbrauchs jährlich bei 2,70 Prozent liegen. Über 20 Jahre resultiert daraus eine Steigerung von 70 Prozent, ein doppelt so starkes Wachstum des Ressourcenverbrauchs. Aus dieser Perspektive haben die Effizienzsteigerungen – und die ihr zugrundliegende Automatisierungstechnik – mit hoher Wahrscheinlichkeit bereits wesentlich zu mehr Nachhaltigkeit beigetragen. Ohne sie wäre die Umweltbelastungsgrenze vielleicht schon erreicht worden. Vor diesem Hintergrund kann die technische Entwicklung wahrlich auch als Fortschritt bezeichnet werden, denn sie dient allen zuvor definierten Zielen.

... oder?

5 Rebound-Effekte und Backfire

5.1 Der Rebound-Effekt

Die menschliche Art und Weise zu produzieren und konsumieren ist schon lange Gegenstand wissenschaftlicher Forschung. Traditionell liegt der Fokus allerdings eher auf der Produktion (und dort insbesondere auf der menschlichen Arbeit) als auf dem Konsum (vgl. Stihler, 1998; vgl. Warde, 1992, S. 12). Möglicherweise hat dieses Ungleichgewicht Anteil daran, dass der Einfluss der Produktion auf den Konsum bisher oftmals nicht zentral war. Dabei ist die Wechselwirkung dieser beiden Faktoren – Produktion und Konsum – sehr entscheidend, denn beide beeinflussen einander.

Schon 1865 zeigte William Stanley Jevons in seinem Buch *The Coal Question* auf, wie der Anstieg der Effizienz von Dampfmaschinen, die mit Kohle befeuert wurden, zu niedrigeren Preisen führte. Das zog eine höhere Nachfrage und insgesamt auch einem höheren Verbrauch von Kohle nach sich (vgl. Jevons, 1865, S. 143–144). Die Steigerung der Effizienz führte hier also nicht zu einem geringeren Ressourcenverbrauch, sondern ließ ihn wesentlich steigen. Jevons prognostizierte deshalb, dass der Kohlevorrat der Britischen Inseln aufgebraucht werden würde. In den 1920er Jahren trat seine Prognose ein – das Kohlefördermaximum von Großbritannien wurde erreicht (Höök, Zittel, Schindler & Aleklett, 2010). Zu dem Zeitpunkt wurde allerdings bereits eine andere Energiequelle erschlossen, das Öl. Der von Jevons prognostizierte Mangel an Energiequellen und ein darauffolgender Kollaps der Wirtschaft trat also nicht ein. Von seiner Prognose blieb dennoch etwas übrig: Der paradoxe Effekt, dass nach Effizienzsteigerungen mehr verbraucht wird als die Effizienzsteigerungen vermuten lassen, wurde nach seinem Entdecker benannt – *Jevons' Paradoxon.*

Heute wird die unerwartete Nicht-Einsparung an Ressourcen auch als *Rebound*-Effekt bezeichnet.[32] Wenn es beispielsweise eine Effizienzsteigerung von 50 Prozent gibt, wäre anzunehmen, dass sich der Verbrauch halbiert. Werden dann tatsächlich aber nur 25 Prozent des Verbrauchs eingespart, so besteht ein Rebound-Effekt von 0,5. Lutz et al. vergleichen den Rebound-Effekt dabei auch mit einem Luftwiderstand (2021, S. 268): Eigentlich möchte man schneller fahren, aber der Luftwiderstand bremst einen überproportional stark aus. Dadurch kann nicht die ganze Energie in Bewegungsenergie umgesetzt werden, sondern es braucht Energie zur Überwindung des Luftwiderstandes. An einem Punkt versagt diese Metapher allerdings: Der Luftwiderstand kann nicht dazu führen, dass man rückwärts fährt. Bei Effizienzsteigerungen ist das jedoch möglich. Wenn sie nämlich dazu führen, dass hinterher mehr Ressourcen verbraucht werden als zuvor, ist von *Backfire* die Rede: Hier ist der Rebound-Effekt größer als 1. Im Sinne der vorherigen Metapher bedeutet das, dass das Auto rückwärts fährt, wenn man Gas gibt.

Die Anzahl wissenschaftlicher Artikel, die sich mit Rebound-Effekten befassen, ist im Verlauf der letzten Dekade deutlich gestiegen (vgl. Lange, Kern, Peuckert & Santarius, 2021, S. 3). Dies deutet darauf hin, dass die Relevanz von produktionstechnischen Zusammenhängen im Kontext von Rebound-Effekten zunehmend ins Bewusstsein der Wissenschaft rückt. Nach Polimeni et al. ist Jevons' Paradoxon in der generellen Öffentlichkeit jedoch kaum bekannt (vgl. 2008b, S. 3). Auch darum schließt dieses Buch eine Lücke – es setzt keine erweiterte ökonomische Vorbildung voraus. In ein paar grundlegende ökonomische Konzepte wird im weiteren Verlauf des Textes dennoch kurz eingeführt.

---

[32] Manchmal wird der Begriff »Rebound-Effekt« nur auf Energie bezogen, während das Jevons' Paradoxon eher das Material (wie Kohle) umfasst. Diese Unterscheidung wird hier nicht gemacht.

Grundlegend für das Verständnis von Rebound-Effekten ist das Verständnis von Preiselastizität. Wenn die Preiselastizität positiv ist, steigt die Nachfrage nach einem Produkt, sobald der Preis niedriger wird.[33] In den sozialen Medien macht immer mal wieder ein Sharepic mit einem Dialog die Runde, das dieses Prinzip gut verdeutlicht: »Ich habe 1.000 Bastelaugen gekauft.« – »Warum denn das?« – »Naja, 1.000 Augen waren nur 2 Euro teurer als 500.« – »Und wie viele brauchst Du?« – »Zwei.«

Hier besteht ein Bedarf an zwei Bastelaugen. Nun liegt die kleinste Packungsgröße womöglich bei 500 Stück. Diese hat einen unbekannten Preis, nehmen wir mal zehn Euro an. Die nächstgrößere Packung mit 1.000 Augen kostet zwei Euro mehr, also zwölf Euro. Der Preis pro Auge sinkt also von 2,0 Cent auf 1,2 Cent. Dies verleitet den Käufer dazu, mehr zu kaufen.

Wenn sich die nachgefragte Menge mit dem Preis stark ändert, wird dieser als »elastisch« bezeichnet. Ist das nicht der Fall, liegt ein unelastischer Zusammenhang vor. Dabei muss der Zusammenhang keineswegs linear sein. Die sogenannte Nachfragefunktion[34] kann theoretisch jeden denkbaren Verlauf annehmen. Nun existieren für viele Güter positive Preiselastizitäten. Marketingabteilungen rund um den Globus wissen und nutzen das, um den Absatz ihrer Produkte anzukurbeln – und mehr zu verkaufen.

Der Rebound-Effekt wurde seit Jevons nicht nur am Beispiel der Kohleförderung in Großbritannien nachgewiesen. Ein weiteres Beispiel ist die Erzeugung von Licht. In Glühbirnen wurden einst Kohlefäden durch Wolframfäden ersetzt. Dieselbe Leuchtkraft konnte nun mit einem Viertel der Energie erzeugt werden. Es kam zu einer großen Verbreitung der Lampen und zu einem viel stärkeren absoluten Verbrauch von Energie (vgl.

---

[33] Sie kann theoretisch auch negativ sein, dann sinkt die Nachfrage mit sinkendem Preis. Möglicherweise ist das bei Luxusgütern der Fall, die dem Prinzip »Was nichts kostet, ist nichts wert« folgen.

[34] Manchmal wird sie auch als Nachfragekurve bezeichnet.

Herring, 2000, S. 313). Auch das Auto kann als geeignetes Beispiel dienen: Es ist nachgewiesen, dass mehr Kilometer gefahren werden, wenn der Kraftstoffverbrauch pro Kilometer sinkt (vgl. Hymel, Small & Dender, 2010). Die Effekte durch die Preiselastizität werden gemeinhin als *direkter Rebound* bezeichnet. Vereinfach könnte man auch sagen: Gut produziert ist halb konsumiert. Daneben gibt es einen indirekten Effekt, der entsteht, wenn man das zur Verfügung stehende Geld nicht für das gleiche Produkt, sondern nun für andere Produkte ausgibt.[35] Statt mehr Kilometer zu fahren, könnte man sich von dem eingesparten Geld zum Beispiel ein weiteres Auto kaufen.

In der Wissenschaft wird dabei oftmals das Verhalten von Haushalten und nicht von einzelnen Individuen betrachtet. Neben den Haushalten gibt es aber auch Gewerbebetriebe als Ressourcenverbraucher. Weil aber oftmals das Verhalten von Haushalten im Fokus der Betrachtung liegt, besteht auch hier ein Ungleichgewicht in der Forschung (vgl. Berner, Lutz, Ahmann & Banning, 2021, S. 2). Das Verhalten des Gewerbes ist jedoch sogar wichtiger, weil Haushalte (zumindest in der EU) nur 27 Prozent des Energieverbrauchs ausmachen (Europäische Kommission, 2022). Gewerbetreibende weisen zudem andere Rebound-Effekte auf als Haushalte. Um die verschiedenen Rebound-Effekte jedoch noch besser zu verstehen, werden diese im kommenden Abschnitt weiter erklärt.

---

[35] An der Stelle sei auch auf den psychologischen Effekt der *Moralischen Lizensierung* hingewiesen. Dieses Konzept besagt, dass Menschen viel eher zu »schlechten Taten« tendieren, wenn sie vorher »gute Taten« vollbracht haben. Ein Flug in den weit entfernten Urlaub erscheint dann gerechtfertigt, wenn man das ganze Jahr über regionale Bioprodukte gekauft hat. Das ist dabei aber nicht zwingend in Verbindung mit dem zusätzlichen verfügbaren Einkommen durch geringere Produktpreise verknüpft (z. B. sind Bioprodukte in der Regel auch teurer).

5.2 Mikro bis Makro: Rebound-Effekte auf allen Ebenen

Die nachfragesteigernden Effekte aus der Änderung der Effizienz gehen über den Horizont von Haushalten oder Unternehmen hinaus. Für Lange et al. finden die Effekte durch private Haushalte und Unternehmen nämlich nur auf einer Mikroebene statt. Darüber existieren noch die Meso- und Makroebene sowie die globale Ebene (vgl. Lange et al., 2021, S. 6). Die globale Ebene umfasst die globale Wirtschaft, die Makroebene einzelne Staaten und die Mesoebene bestimmte Sektoren oder Industrien. Auf all diesen Ebenen kommt es dabei zu unterschiedlichen Effekten. Der Effekt auf der höheren Ebene ist dabei oftmals größer als der auf der niedrigeren Ebene. Dabei ergänzen sich die Effekte jedoch jeweils gegenseitig – zum wirtschaftsweiten Rebound. Um einen Eindruck für die Varietät und Komplexität von Rebound-Effekten zu erhalten, wird im Folgenden in energiebezogene Rebound-Effekte nach Lange et al. eingeführt (vgl. 2021, S. 7–12).[36] Neben der Einteilung in die genannten vier Ebenen unterscheiden Lange et al. zudem zwischen kurz- und langfristigen Effekten.

Auf der **Mikroebene** identifizieren Lange et al. sechs Rebound-Effekte. Zu den kurzfristigen Effekten zählt, dass Menschen (1.) bei günstigeren Preisen mehr Geld zur Verfügung haben, um andere Produkte zu konsumieren. Da energieintensive Produkte günstiger werden, ersetzen Haushalte Produkte zudem durch energieintensivere Alternativen. Produkte, die zur Herstellung und/oder bei der Nutzung viel Energie benötigen, werden (2.) also attraktiver. Auf Unternehmensseite bestehen kurzfristige Effekte zum einen darin, dass Unternehmen (3.) die Produktion ausweiten, also mehr produzieren. In gesättigten Märkten gibt es wenige Möglichkeiten, die Produktion zu erweitern – hier ist also ein geringerer Rebound-

[36] Auf materielle Rebound-Effekte wird im nächsten Abschnitt eingegangen.

Effekt zu erwarten (vgl. Berner, Peuckert & von Andrian, 2019, S. 1). Allerdings besteht auch die Möglichkeit, statt die Produktion zu erweitern, in Forschung und Entwicklung (F&E) zu investieren. Tatsächlich zeigen sich geringere Rebound-Effekte bei Firmen mit höheren F&E-Ausgaben (vgl. Berner et al., 2019, S. 3). Zum anderen können (4.) auch hier – ähnlich wie bei den Haushalten – energieintensive Alternativen nun stärker genutzt werden. Beispielsweise bedeutet das auch, dass ein Handarbeiter durch eine Maschine ersetzt wird, wenn diese durch geringere Energiekosten rentabel wird. Langfristig verändern sich bei den Haushalten (5.) die Konsumpräferenzen. Das bedeutet, dass sie durch die Effizienzveränderungen mehr oder andere Dinge konsumieren. Unternehmen hingegen können auf lange Sicht (6.) ihre Produkte umgestalten. So wurden Autos mit steigender Energieeffizienz immer schwerer und schneller – der Spritverbrauch pro Kilometer aber blieb weitestgehend derselbe.

Auf der **Mesoebene**, auf der nicht mehr Haushalte und Unternehmen, sondern einzelne Märkte und Sektoren betrachtet werden, sind drei kurzfristige und ein langfristiger Effekt zu erwarten. Für einzelne Unternehmen auf einem Markt führt eine Senkung der Preise zunächst erst einmal zu einem Wettbewerbsvorteil, wodurch der Marktanteil vergrößert werden kann. Wenn der Preis für ein Produkt insgesamt fällt, kann das dazu führen, dass (1.) mehr konsumiert wird. Das kann den Markt erweitern, was einen Ressourcenmehrverbrauch mit sich bringt. Die Produkte von Unternehmen werden jedoch nicht nur von Endverbrauchern konsumiert, sondern sind oftmals Zwischenprodukte für weitere Unternehmen. Ein sinkender Preis senkt darum (2.) auch die Vorleistung, die die anderen Unternehmen erzielen müssen – und schafft somit freiwerdende liquide Mittel, die anderweitig genutzt werden können. Des Weiteren können Effizienzverbesserungen dazu führen, dass (3.) weniger Energie bezogen werden muss und somit ein Preisdruck auf die Energieversorger besteht. Dadurch sinken die Energiepreise, Strom kann noch günstiger eingekauft werden, was zu einer Verlagerung hin zu den Lieferanten elektrischer Energie führt. Langfristig kann eine Ausweitung der Produktion (4.) zudem dazu führen, dass die Produktion für bestimmte Märkte durch einen Skalierungseffekt effizienter wird – und somit wiederum weitere Mittel zur Verfügung stehen.

Auf der **Makroebene** lassen sich vier kurzfristige und zwei langfristige Effekte finden. Zunächst erstmal lässt die gesteigerte Nutzung der Energie (1.) die Kosten für ebendiese fallen. Daneben findet in der Wirtschaft (2.) ein genereller Wechsel hin zu energieintensiven Sektoren statt, die durch fallende Preise attraktiver werden. Das wiederum hat die Auswirkung, dass die energieintensiven Sektoren relativ mehr Erträge erzielen und dadurch (3.) das Verhalten von Investoren verändern – die Sektoren werden attraktiver für Geldanlagen. Freigewordene finanzielle Mittel auf Makroebene können zudem (4.) dazu eingesetzt werden, weitere Wirtschaftstätigkeit zu initiieren, um Wachstum zu stimulieren. Langfristig lässt sich mit der Steigerung der Effizienz (5.) auch eine Steigerung von Löhnen beobachten. Diese führen wiederum zu mehr finanziellen Mitteln, die für Konsum genutzt werden können. Letztendlich führen Lange et al. auch an, dass technische Innovationen, die zu Effizienzsteigerungen führen, (6.) weitere technische Innovationen motivieren.

Global gesehen können Effizienzsteigerungen dazu führen, dass Unternehmen (1.) ihre Produktion in Länder mit höherer Effizienz verlagern. Daneben haben Effizienzsteigerungen (2.) einen Einfluss auf die Zusammensetzung der Importe von Staaten, wodurch die Produktion in den exportierenden Staaten verändert wird. Anders als zu den drei vorherigen Ebenen ist es bei den globalen Aspekten jedoch nicht klar, ob sie den gesamten Energieverbrauch vermindern oder erhöhen.

5.3 Jevons' Paradoxon abseits der Energie

Die vorgestellten Rebound-Effekte sind energiebezogen. Jevons' Paradoxon existiert aber auch abseits von Energieeinsparungen bei stofflichen Waren (oder Dienstleistungen).[37] Im Schatten der Fokussierung auf die Energie wird insbesondere dem Material zu wenig Aufmerksamkeit zuteil. Möglicherweise liegt das auch daran, dass es deutlich größere Schwierigkeiten bei den Messungen und der Vergleichbarkeit von Materialeinsparungen gibt. Dabei ist auch Material hochgradig relevant – ohne Material sind keine Produkte denkbar. Neue malthusianische Grenzen gibt es also nicht nur bei der Verfügbarkeit von fossilen Energieträgern, sondern auch bei Produktionsmaterial. Ansätze, Material zu sparen, liegen beispielweise im Recycling. Viele Produkte müssten dazu redesignt werden, um in einer Kreislaufwirtschaft stetig neu verwertet werden zu können.

Ein Beispiel für einen stofflichen Rebound-Effekt stellen Nahrungsmittel dar. Geringe Kosten führen hier zu einer höheren Nachfrage, insbesondere beim Fleischkonsum (vgl. Giampietro & Mayumi, 2008, S. 87). Die zugrundeliegenden technischen Änderungen zur Effizienzsteigerung minimieren beispielsweise den Ausschuss, führen zu einer größeren Qualität (die womöglich auch eine längere Haltbarkeit mit sich bringt) oder reduzieren insgesamt den Materialeinsatz. Bei der Definition stofflicher Rebound-Effekte fehlt es jedoch an einer formellen Definition, die der von Lange et al. zu den energetischen Effekten ähnelt.

Abseits der Energie und abseits des Materials können Rebound-Effekte auch in vielen weiteren Systemen entdeckt werden. Beispielsweise erwarteten Wissenschaftler in den 1980er Jahren, dass das Aufkommen der

[37] Manche Autoren bezeichnen die auf Material bezogene Rebound-Effekte nicht als Rebound-Effekte, sondern sprechen hier allgemeiner einfach von Jevons' Paradoxon. Diesem Beispiel wird hier nicht gefolgt, weil diese Trennung nicht schlüssig erscheint und auch die Erzeugung von elektrischer Energie eine stoffliche Komponente aufweist.

Textbearbeitung per Computer den Aufwand für Textproduktion reduzieren würde. Zuvor war die Produktion eines jeden Textentwurfs über eine Schreibmaschine mit viel händischer Arbeit verbunden. Entgegen der Erwartung erhöhte sich der Zeitaufwand für die Produktion von Text jedoch. Statt ein bis zwei Entwürfe müssen heute rund sechs bis acht angefertigt werden, bevor es zu einer Veröffentlichung kommt (vgl. Tailor, 2020, S. XII-XIII). Das Tippen geht schneller, also kann mehr produziert werden.

Ein anderes Beispiel ist der Ersatz von Feuerwaffen durch Elektroschocker/Taser. Die emotionalen Kosten zum Abfeuern eines Tasers sind – im Gegensatz zu einer Pistole – stark gesunken. Die Anzahl der abgefeuerten Schüsse stieg daraufhin stark (vgl. Tainter, 2008, S. XIII). Und was ist mit den Kosten für Kommunikation passiert? Hat man damals noch wenige teure Telegramme versendet, werden heute beinahe kostenlos hunderte Nachrichten am Tag rund um den Globus geschickt. Verkehrsprobleme wie Staus werden nicht durch neue Straßen gelöst, weil mehr Straßen nur noch mehr Verkehr ermöglichen (vgl. Næss, Nicolaisen & Strand, 2012, S. 297). Insbesondere im Verkehr wird dabei auch von *induzierter Nachfrage* gesprochen (vgl. Douglass, Klein & Camus, 1999). Ein weiteres, etwas zynischeres Beispiel: Die Erhöhung medizinischer Prävention führt zu noch höheren medizinischen Kosten, weil die Menschen länger leben und später im Leben mehr Kosten verursachen als durch einen frühen Tod (vgl. Giampietro, 2003, S. 7).

Auch die Debatte, ob dem Menschen durch Automatisierung eines Tages die Arbeit ausgeht, ist vom Rebound-Effekt betroffen: Aus der Logik von Jevons' Paradoxon führt Automatisierung nicht zur weniger Arbeit, sondern letztendlich zu mehr davon (vgl. Alcott, 2008, S. 53–54). Generalisierend führt in letzter Konsequenz jede Verbesserung zu einer neuen, größeren Herausforderung. Lösungen sind aus dieser Sicht die Hauptursachen aller Probleme (vgl. Tainter, 2008, S. XI).

5.4 Wie hoch ist der Rebound-Effekt?

Nun wurden verschiedene Arten der Rebound-Effekte ausführlich behandelt. Unbeantwortet blieb bisher die Frage, welchen Umfang Rebound-Effekte denn nun haben. Vorweg: Das ist schwierig zu sagen. So komplex die unterschiedlichen Rebound-Effekte sind, so komplex ist auch deren Messung – wenn sie denn überhaupt möglich ist.[38] Auch aus diesem Grund ist sich die Wissenschaft über die genaue Höhe von Rebound-Effekten nicht einig. Die vorhandenen empirischen Studien sind zudem sehr unterschiedlich und somit schlecht vergleichbar.

Fest steht, dass es eine starke Branchenabhängigkeit von Rebound-Effekten gibt (vgl. Lutz et al., 2021). Auch bestehen regionale Unterschiede. So weist Deutschland einen vergleichsweise geringen Rebound-Effekt auf (vgl. Lutz et al., 2021, S. 268–269). Entwicklungsländer dahingegen erzielen höhere Rebound-Effekte (vgl. Haufe, 2013). Für China erkennen Lin und Li direkte Rebound-Effekte in Höhe von etwa 75 Prozent (Lin & Li, 2014). Ursache für höherer Rebound-Effekte in Entwicklungsländern sind nicht gesättigte Bedürfnisse (vgl. Semmling, Peters, Marth, Kahlenborn & de Haan, 2016, S. 8). Dahingegen führt das deutsche Umweltbundesamt führt zu den direkten Rebound-Effekten in Deutschland an, dass sie im Bereich von etwa 20-30 Prozent liegen, ergänzt aber:

> »Werden indirekte Rebound-Effekte in die Betrachtung einbezogen, wird möglicherweise ein noch größerer Teil der Effizienzgewinne kompensiert. In Einzelfällen ist es denkbar, dass die Einspareffekte überkompensiert werden (sogenanntes Backfire). Dieser Fall ist aber die Ausnahme und ein solches Backfire ist mit

---

[38] Empfehlenswerte Ausführungen zur Messung von Rebound-Effekten machen Lange et al. (2019, S. 7–21).

Wachstums- und Strukturwandeleffekten verbunden, kann also nicht mehr als reiner Rebound-Effekt betrachtet werden.« (Bundesumweltamt, 2019)

In diesem Zitat wird ein Knackpunkt der Debatte deutlich: Backfire wird nicht erkannt, solange Wachstums- und Strukturwandelprozesse außer Acht gelassen werden. Aber sind Wachstums- und Strukturwandelprozesse nicht auch durch eine Steigerung der Effizienz getrieben? Bei der Diskussion um den wirtschaftsweiten Rebound wird das oft bejaht.[39] So wird kritisiert, dass vorhandene Studien oftmals nur direkte oder indirekte Effekte auf der Mikroebene in den Blick nehmen (vgl. Alcott, 2008, S. 41; vgl. Polimeni, 2008, S. 147). Wenn auf der Ebene der ganzen Wirtschaft der absolute Verbrauch an Ressourcen und Energie jedoch steigen würde, könnte das als Beweis für ein wirtschaftsweites Backfire gedeutet werden (vgl. Alcott, 2008, S. 51; vgl. Polimeni, 2008, S. 152, 155–156). Nach dem deutschen Bundesumweltamt würde dieser Zusammenhang jedoch nicht mehr als Rebound-Effekt bezeichnet. Hier zeigt sich also, dass die Höhe des Rebound-Effektes vor allem auch eine Frage der Definition des Begriffs ist.

Im weiteren Verlauf wird die Auffassung vertreten, dass alle durch Effizienzsteigerungen ausgelösten Erhöhungen der Nachfrage zum Rebound-Effekt hinzugerechnet werden sollten. Dies umfasst also auch durch

---

[39] Dahinter steht auch die Frage, was Wirtschaftswachstum im Grunde fördert. Und ob am Anfang immer technologische Veränderungen stehen, die zu einem Wachstum der Effizienz beitragen. Technologische Entwicklungen allein sind zwar nicht verantwortlich für ökonomisches Wachstum. Allerdings kann in der Erhöhung der Produktivität ein sehr wichtiger Faktor für Wachstum erkannt werden (vgl. Baier, Dwyer Jr. & Tamura, 2006, S. 42; vgl. Sachverständigenrat, 2019, S. 85); und die ist wie gezeigt maßgeblich durch technische Entwicklungen bestimmt. Darunter fallen zwar nicht nur automatisierungstechnische Entwicklungen, wie aber in Kapitel 2 gezeigt wurde, nimmt die Automatisierungstechnik eine wesentliche, zentrale und zusammenführende Rolle ein.

Effizienzsteigerungen induziertes Wachstum sowie Strukturwandel, auch wenn diese Entwicklungen schwierig zu messen sind.

Aus dieser Perspektive kann die wirtschaftliche Entwicklung der letzten 200-300 Jahre als einziges großes Backfire betrachtet werden: Mehr Effizienz, mehr Menschen, mehr Ressourcenverbrauch. Das stellt die Technologieentwicklung und den technischen Fortschritt in ein neues Licht: Wenn die Ziele aus dem vorherigen Kapitel rekapituliert werden (1. Leben schützen, 2. Menschen schützen, 3. Zivilisation schützen, 4. Gutes Leben für alle), dann können Effizienzsteigerungen – wenn sie denn zu Backfire führen – langfristig kaum als fortschrittlich bezeichnet werden. Tatsächlich wären Effizienzsteigerungen sogar ein Rückschritt. Alcott stellt deswegen eine Frage, die auch an dieser Stelle nun wesentlich erscheint: Ist Effizienz Teil der Lösung oder Teil des Problems? (2008, S. 13) Er selbst zeigt auf, dass es auch unter den großen klassischen Ökonomen der vergangenen Jahrhunderte einen Konsens darüber gab, dass mehr Effizienz letztendlich zu einem größeren Gesamtverbrauch führt (Alcott, 2008). Am Ende kommt aber auch Alcott zu dem Schluss, dass nicht alle Rebound-Effekte empirisch ermittelt werden können (vgl. 2008, S. 41) – und dennoch konstatiert er einen Rebound-Effekt über 100 Prozent, ein Backfire (vgl. Alcott, 2008, S. 47). Da Backfire langfristig nicht der Erreichung der genannten Ziele dient, kann die Entwicklung somit auch nicht als Fortschritt bezeichnet werden.[40]

Dahingegen wird die Energieintensität oft als Argument angeführt, um einen Fortschritt aufzuzeigen (vgl. Giampietro & Mayumi, 2008, S. 82–83).

---

[40] An der Stelle sei die Notiz erlaubt, dass Backfire notwendig war, damit das heutige Wohlstandsniveau überhaupt entstehen konnte. Die Gefahr bei sich stetig vergrößernden Ressourcenverbrauch besteht jedoch darin, dass das Wohlstandsniveau durch die Überschreibung der neuen malthusianischen Grenzen nicht gehalten werden kann, sondern sogar deutlich absinkt.

Die Energieintensität gibt wie schon beschrieben Auskunft über das Verhältnis aus Energieeinsatz und Bruttoinlandsprodukt: Wie viele Kilowattstunden müssen aufgebracht werden, damit das Bruttoinlandsprodukt um einen US-Dollar steigt?[41] Im verarbeitenden Gewerbe Deutschlands ist die Energieintensität in den vergangenen Jahren gesunken – eine vermeintliche Verbesserung! Jedoch stieg der absolute Energieverbrauch an (vgl. Berner et al., 2019, S. 2) – gesamtwirtschaftliches Backfire, ein Rückschritt.

5.5 Grenznutzen, Suffizienz und das Ende des Konsums

Das hier aufgeworfene Argument eines stetig gesteigerten Ressourcenverbrauchs durch Effizienzsteigerungen verkennt jedoch, dass es möglicherweise einen Grenznutzen des Konsums gibt. Das bedeutet, dass bei dem Konsum eines weiteren Guts kein zusätzlicher Nutzen mehr entsteht. Ist der Grenznutzen erreicht, findet weiterer Konsum nicht statt. Bedürfnisse wären gesättigt, weitere Kostensenkungen würden nicht zu weiterem Konsum führen.

Es gibt Produkte im täglichen Gebrauch des Menschen, die auf eine gesättigte Nachfrage treffen. Beispielsweise ist das bei Zahnpasta so: Egal wie günstig sie ist, kaum jemand würde mehr davon verbrauchen. Kaum jemand würde auf die Idee kommen, mehr als zwei- bis dreimal täglich die Zähne zu putzen, nur weil das Zähneputzen plötzlich spottbillig ist. Umgekehrt haben die meisten Menschen einen etwa gleichbleibenden Bedarf an Zahnpasta, auch wenn der Preis steigt. Wenn der Preis deutlich steigt, würde man eventuell etwas weniger Pasta auf die Zahnbürste auftragen

[41] In Kapitel 4 wurde aufgezeigt, dass dieses Maß der Kehrwert der Energieeffizienz ist.

oder die Tube sorgfältiger ausquetschen. Die Preiselastizität hier ist aber sehr gering – ergo ist es zumindest auch der direkte Rebound-Effekt.

Viele andere Produkte weisen allerdings eine große Preiselastizität auf. Besonders die Größe des Wohnraums ist ein Paradebeispiel für Jevons' Paradoxon. Hier liegt der Grenznutzen sehr hoch: Würden die Menschen die Größe ihres Wohnraums selbst bestimmen können, würden viele in sehr großen Anwesen leben. Weitere Beispiele sind im Bereich der Kleidungsstücke zu finden, bei denen sich gar eine Art Sammelleidenschaft beobachten lässt, möglicherweise insbesondere bei Schuhen.

Konsum in unterschiedlichen Bereichen verursacht dabei unterschiedlich viele CO_2-Emissionen (siehe Abbildung 4). Hinter dem »sonstigen Konsum« stecken Kleidung, Smartphone, etc. – auch die Zahnpasta. Es zeigt sich, dass die Bereiche, in denen die Bedürfnisse beinahe unendlich erscheinen, einen Großteil des Kuchens ausmachen – nicht das Zähneputzen. Der Grenznutzen ist also kein gutes Argument gegen Jevons' Paradoxon.

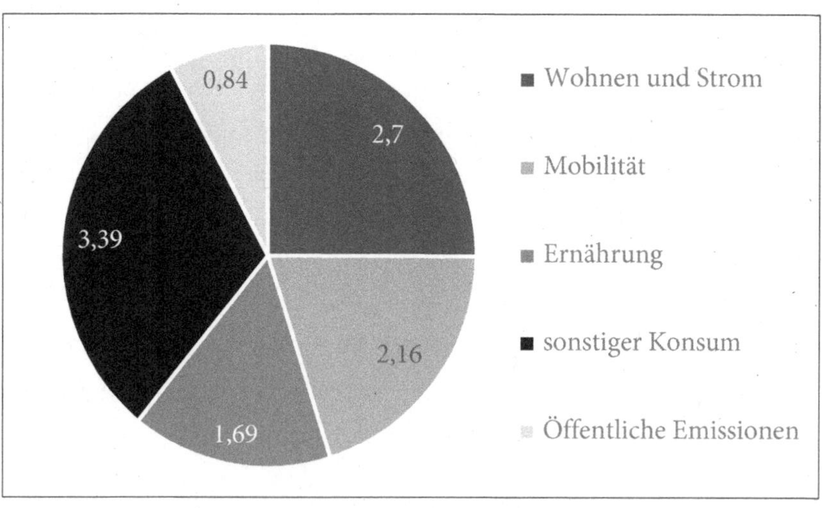

Abbildung 4: Treibhausgasausstoß einer durchschnittlichen Personen in Deutschland in Tonnen CO_2-Emissionen (Umweltbundesamt, 2022).

Neben einem harten ökonomischen Grenznutzen ist es eine spannende Frage, ob der Mensch von selbst bewusst sparsamer wird, *suffizienter* handelt. John Rae war schon 1834 der Meinung, dass das nicht so ist: Eitelkeit absorbiert alle Verbesserungen (vgl. Alcott, 2008, S. 42). Will heißen: Wenn der Nachbar ein dickes Auto hat, will man ein noch größeres. Suffizienz ist also nichts, auf das man bauen sollte.

Allerdings gibt es Anzeichen dafür, dass sich suffizientes Handeln zumindest in Teilen der Gesellschaft etabliert. Anschaulich dafür ist das Konzept »Flugscham«. Menschen möchten nicht mehr (unnötig) fliegen, weil sie sich für diese Handlung und dessen Auswirkungen auf das Klima schämen. Hier hat sich also ein Bewusstsein für »gute« oder »schlechte« Handlungen entwickelt – und dieses Gefühl orientiert sich eben nicht daran, ob etwas gewinnmaximierend ist, sondern eher, ob etwas den übergeordneten, oben definierten Zielen entspricht oder widerspricht. Es wäre zum jetzigen Zeitpunkt jedoch falsch, zu behaupten, dass dieser kulturelle Wandel die Mehrheitsgesellschaft westlicher Staaten erfasst hat, zumal er nicht in allen Teilen der Welt in gleicher Weise vollzogen wird.[42] Suffizienz allein wird Rebound-Effekte also nicht auflösen.

Zusammenfassend zeigt sich, dass das von Jevons 1865 erstmals beschriebene Paradoxon – das Effizienzsteigerungen weiteren Verbrauch motivieren –, ein wesentliches Konzept im Wechselspiel zwischen Produktion und Konsum ist, welches auch heute an Aktualität nicht eingebüßt hat. Es gibt viele und gute Argumente dafür, dass Rebound-Effekte diese

---

[42] In der Geschichte der Menschheit gab es immer wieder auch Teilgesellschaften, in denen es positiv konnotiert war, nichts oder nur wenig zu besitzen. Dieses geschah aber vorwiegend aus religiösen Motiven, beispielsweise bei dem christlichen Franziskanerorden, um die Beziehung zu Gott nicht durch materielle Zwänge zu behindern (vgl. Mack & Rauhut, 2021, S. 198). Die Forderung nach Suffizienz in diesem Kontext ist insofern neu, weil sie kein religiöses Dogma zur Grundlage hat, sondern nichtreligiöse Ziele.

Beziehung noch heute entscheidend prägen. Wie oben gezeigt, kommt der Rebound-Effekt in der öffentlichen Darstellung der Automatisierungstechnikfirmen jedoch nicht vor. Unisono proklamieren die Firmen eine positive gesellschaftliche Wirkung ihres Handelns. Nach der vorgelegten kritischen Betrachtung von Effizienzsteigerungen scheint es, als hätten die Unternehmen Jevons' Paradoxon nicht verstanden – es ist ja auch alles andere als intuitiv, eben ein Paradoxon. Die bisherigen Ausführungen zeigen jedoch, dass diese Auffassung nicht unwidersprochen und undiskutiert bleiben darf. Deshalb wird im nächsten Kapitel eine weitere Diskussion vorgenommen. Daneben bleibt aber auch der Wunsch nach einer größeren Selbstkritik der Hersteller – und gegebenenfalls einer Neubewertung des eigenen Handelns sowie ihres Fortschrittsverständnisses.

6 Technik entwickeln, Rebound reduzieren, Erde retten?

6.1 Modell mit Rebound-Effekt

Was stimmt also? Sind möglichst hohe Effizienzsteigerungen der Schlüssel zu nachhaltigem wirtschaftlichen Handeln, so wie es auch die Hersteller propagieren? Oder gibt es durch Effizienzsteigerungen ohnehin immer ein Backfire und sie führen nur dazu, dass Umweltbelastungs- oder Fördergrenzen noch schneller erreicht werden? Wer hat Recht? Und unter welchen Bedingungen? Sich diese Fragen zu stellen ist wichtig, vor allem wenn man an der Entwicklung und Nutzung von Automatisierungstechnik beteiligt ist. Eine selbstkritische Betrachtung bezieht dabei transparent die Möglichkeit eines schädlichen Einflusses ein.[43] Die Automatisierungstechnikhersteller zeigen sich dabei – zumindest öffentlich – nicht selbstkritisch und diskutieren den (möglicherweise) schädlichen Einfluss der Technologie auch nicht. Dieser Diskussion wird an dieser Stelle Raum gegeben.

Wenn es Backfire gab und gibt, dann kann das in Abschnitt 4.3 (Effizienz als Lösung) aufgestellte Modell und die Rechnung dazu nicht stimmen: Höhere Effizienz führt in diesem Modell nämlich immer zu geringeren Verbräuchen; für den Rebound-Effekt gibt es keine Variable. Allerdings gibt es Argumente dafür, dass das Modell die Realität auch nur schlecht abbildet: In Abschnitt 4.3 (Effizienz als Lösung) wurde nämlich eine durchschnittliche Inflation von zwei Prozent zur Bereinigung des BIP genutzt. Das ist tendenziell zu niedrig. Bei einer angenommenen Inflation von drei Prozent aber wäre die beispielhaft errechnete jährliche Effizienzsteigerung

---

[43] Schädlich ist der Einfluss, wenn er einem Ziel zuwiderläuft. Die in diesem Buch maßgeblichen Ziele wurden dazu in Kapitel 3 definiert.

allerdings schon nur noch bei 0,2 Prozent – nahezu Null. Das ist geringer als erwartet. Wenn die tatsächliche Effizienzsteigerung aber bei etwa ein bis zwei Prozent pro Jahr liegt, müsste der Ressourcenverbrauch niedriger sein als er tatsächlich ist. Das wird durch ein Beispiel deutlicher:

Bei einer angenommenen Effizienzsteigerung von zwei Prozent pro Jahr in den Jahren zwischen 2000 und 2020 dürfte der Energiebedarf im Jahr 2020 nur 129.000 Terrawattstunden betragen haben, nicht aber wie tatsächlich ermittelt 151.000 Terrawattstunden. Es gibt also einen unerwarteten Mehrbedarf an Ressourcen von 22.000 Terrawattstunden. Dies deutet darauf hin, dass das Modell aus Abschnitt 4.3 unvollständig ist und etwas den Ressourcenverbrauch zusätzlich erhöht – der Rebound-Effekt. Die tatsächliche Effizienzsteigerung wird vom Modell aus Abschnitt 4.3 also unterschätzt.

Um die Nachfragesteigerung durch den Rebound-Effekt zu integrieren, wird ein weiterer Faktor in das Modell eingeführt – die *Nachfragesteigerungsrate* (siehe Formel 6). Diese Nachfragesteigerungsrate setzt sich aus der Effizienzsteigerung multipliziert mit dem Rebound-Effekt zusammen (siehe Formel 7). Wenn der Rebound nun 0 ist, wird auch die neue Nachfragesteigerungsrate 0. Die Formel entspricht in diesem konkreten Fall genau der in Abschnitt 4.3. Ist aber ein Rebound-Effekt erkennbar, so hebt er die Effizienzsteigerungen teilweise auf – bei einem Rebound-Effekt von 1 spielt die Effizienzsteigerung dann gar keine Rolle mehr, sondern kann weggekürzt werden. Bei einem Reboundfaktor größer als 1 dahingegen steigt der Verbrauch durch die Effizienzsteigerung.[44]

---

[44] Jetzt kann entgegnet werden, dass die Nachfragesteigerung durch den Rebound-Effekt schon in dem gemessenen Wohlstands- und/oder im Bevölkerungswachstum integriert ist. Aus dieser Logik heraus könnte der Rebound-Faktor wie folgt ermittelt werden: $Reboundfaktor = \frac{Bevölkerungswachtumsrate * Wohlstandswachstumsrate - 1}{Effizienzsteigerung - 1}$. Wenn dem so wäre, müsste das Produkt aus Bevölkerungs- und Wohlstandswachstumsrate

$$Verbrauch_{i+1} = \frac{Verbrauch_i * Bevölkerungswachstumsrate * Wohlstandswachstumsrate * Nachfragesteigerungsrate}{Effizienzsteigerung} \quad (6)$$

$$Nachfragesteigerungsrate = Effizienzsteigerung * Reboundeffekt \quad (7)$$

In Formel 7 gibt es zwei Unbekannte: Den Rebound-Faktor und die Effizienzsteigerung. Durch Umstellen ergibt sich Formel 8. Wird nun eine Steigerung der Effizienz angenommen, so kann der Rebound-Effekt errechnet werden. Dabei beschreibt i den Wert zu einem bestimmten Zeitpunkt und $i + 1$ den Wert in der Folgeperiode.[45]

$$Reboundeffekt = \frac{\frac{Verbrauch_{i+1} * Effizienzsteigerung}{Bev.-Wachstumsr. * Wohlstandswachstumsr. * Verbrauch_i} - 1}{Effizienzsteigerung - 1} \quad (8)$$

Die Formel 8 gilt nicht für den Fall, dass es keine Effizienzsteigerung gibt (Variablenwert von 1,0). In diesem Fall ist auch der Rebound-Effekt gleich 0. Im Normalfall wird aber von einer Steigerung der Effizienz ausgegangen, sodass der Wert größer als 1,0 ist. Aus Formel 8 ergibt sich zudem, dass es

---

aber auch die Verbrauchssteigerung adäquat abbilden. Es würde entsprechend folgen: $\frac{Verbrauch_{i+1}}{Verbrauch_i} = Bevölkerungswachstumsrate * Wohlstandswachstumsrate.$ Werden Werte eingesetzt ist zu sehen, dass das nicht passt, was möglichweise auch mit zeitlichen Verzögerungen zusammenhängen kann. Aus diesem Grund erscheint die Einführung einer Nachfragesteigerungsrate sinnvoll und tauglich – wenngleich sie wie jedes Modell eine Vereinfachung darstellt.

[45] Wenn nicht der direkte jährliche Folgezeitraum für die Berechnung genutzt wird, müssen die Wachstumsmaße entsprechend potenziert werden.

(bei einer Steigerung der Effizienz) einen Rebound-Effekt > 1 (Backfire) gibt, wenn gilt:

$$\frac{Verbrauch_{i+1}}{Verbrauch_i} > \frac{Bevölkerung_{i+1}}{Bevölkerung_i} * \frac{Wohlstand\ pro\ Kopf_{i+1}}{Wohlstand\ pro\ Kopf_i} \tag{9}$$

Ein Rebound < 1 dahingegen erhält man hingegen, wenn Folgendes gilt:

$$\frac{Verbrauch_{i+1}}{Verbrauch_i} < \frac{Bevölkerung_{i+1}}{Bevölkerung_i} * \frac{Wohlstand\ pro\ Kopf_{i+1}}{Wohlstand\ pro\ Kopf_i} \tag{10}$$

Damit der Rebound > 0 ist, muss zudem die Effizienzsteigerung größer sein als der Betrag der Verbrauchssteigerung abzüglich der Steigerungen der Bevölkerung und des Wohlstands pro Kopf. Dabei ist die Summe zwischen den Betragsstrichen immer negativ, wenn ein Rebound < 1 erreicht wird:

$$Effizienzsteigerung > \left| \frac{Verbrauch_{i+1}}{Verbrauch_i} - \frac{Bevölkerung_{i+1}}{Bevölkerung_i} * \frac{Wohlstand\ pro\ Kopf_{i+1}}{Wohlstand\ pro\ Kopf_i} - 1 \right| \tag{11}$$

Werden die Werte aus Kapitel 3 eingesetzt, so tritt der Fall ein, dass die Steigerung des Verbrauchs niedriger ist als das Produkt der Bevölkerungs- und Pro-Kopf-Wohlstandssteigerung (siehe Formel 10). Zudem ergibt das Ergebnis aus Formel 11 den Wert -1,19 Prozent. Solange die Effizienzsteigerung also größer ist als 1,19 Prozent, ergibt sich dabei ein Rebound-Effekt zwischen 0 und 1. Ist die Effizienz kleiner, ergibt sich ein negativer Rebound-Effekt. Das würde bedeuten, dass Energieeffizienzmaßnahmen sogar überproportional zu einem Minderverbrauch von Energie führen – theoretisch denkbar, jedoch wird das in der Praxis kaum vorkommen. Bei einer angenommenen Effizienzsteigerung von zwei Prozent ergibt sich ein

Rebound-Effekt von 0,41. Für die Zeit zwischen 2000 und 2020 kann global also ein Rebound-Effekt erkannt werden, aber kein Backfire. Damit könnten die Effizienzsteigerungen tatsächlich als Fortschritt bezeichnet werden.

In Abbildung 5 ist die Höhe des Rebound-Effekts bei Variation der angenommenen Effizienzsteigerung im Bereich zwischen einem und fünf Prozent zu sehen. Daneben wäre ein Vergleich zu der Situation interessant, bei der das Wachstum des Ressourcenverbrauchs höher liegt als das Produkt von Bevölkerungs- und Pro-Kopf-Wohlstandswachstum. Dazu wird der jährliche Mehrverbrauch an Ressourcen auf fünf Prozent angehoben (siehe Abbildung 6). Dabei erscheint es paradox, dass der Rebound mit steigender Effizienz sinken soll. Da hier alle anderen Parameter aber statisch sind, ist eine kleinere Effizienzsteigerung mit einem größeren Rebound-Faktor zu multiplizieren, damit der Verbrauch erreicht wird.

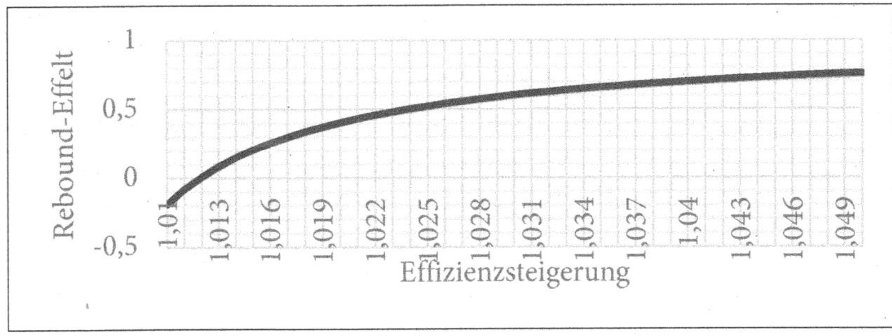

Abbildung 5: Rebound-Effekt bei Effizienzsteigerungen ohne Backfire.

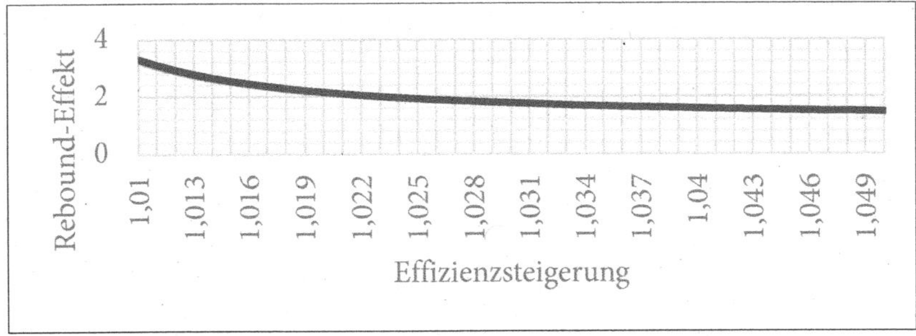

Abbildung 6: Rebound-Effekt bei Effizienzsteigerungen mit Backfire.

Dieses Modell hat aber auch Grenzen. Es macht zwar die Berechnung eines gesamtwirtschaftlichen Rebound-Effekts möglich, schlecht anwendbar dahingegen ist es zur Analyse gesonderter einzelner Rebound-Effekte auf Mikro-, Meso-, Makro- oder globaler Ebene. Beispielsweise haben auf der Ebene einzelner Märkte viele weitere Faktoren Einfluss auf die Nachfrage neben der Preissenkung durch Effizienzsteigerung. Es ist also sehr schwierig, einen einzelnen Rebound-Effekt zu isolieren. So kann durch die gesamtwirtschaftliche Betrachtung der Rebound-Effekt zwar ermittelt, aber – abseits der Effizienzsteigerung – nicht näher erklärt werden. Die Ursachen für den Rebound-Effekt werden nämlich nicht differenziert. Das allerdings wäre hilfreich, um beispielweise einzelne Maßnahmen zur Veränderung von Rebound-Effekten isoliert zu überprüfen.

Zudem vereinfacht auch das neue Modell ein paar Aspekte, die schwer messbar sind. Das betrifft u. a. die Messung des Wohlstands durch das BIP pro Kopf. Das BIP kann jedoch auch steigen, wenn der Wohlstand sinkt. Ein Beispiel dafür sind Naturkatastrophen: Man stelle sich einen starken Regen vor, der den Wasserpegel eines Flusses stark ansteigen lässt. Dieser reißt Häuser mit sich, der Wohlstand sinkt, weil die Menschen obdachlos sind – wegen des Wiederaufbaus aber brummt die Wirtschaft; das BIP steigt. Alternative Größen, nicht-monetäre Maße für das Wohlstandswachstum, scheinen jedoch ebenfalls schwer zu ermitteln.

Ein weiteres Problem besteht darin, dass in dieser Betrachtung die Effizienz zur Ermittlung des Rebound-Effekts nur geschätzt und nicht rechnerisch ermittelt wird. Zudem wird angenommen, dass der Wert über 20 Jahre konstant war, was sicherlich nicht stimmt. Viel besser wäre es, könnte mit jährlich berechneten Werten gearbeitet werden. Wie beim Wohlstand zuvor ist es allerdings auch hier schwierig bis unmöglich, materielle Effizienzsteigerungen zu messen.

Die Nutzung der Produktivität als Kennzahl drängt sich als Alternative auf, weil es hierzu viele Daten gibt. Besonders relevant ist die *Total-factor productivity* (TFP). Hierbei wird auf staatlicher Ebene oftmals das BIP durch die Anzahl der Arbeitsstunden der Menschen geteilt. Das BIP wird aber auch auf Basis monetärer Werte berechnet und ist dementsprechend verzerrt. Zudem wird kein Fokus auf die Ressourcen gelegt, wenn stattdessen menschliche Arbeitsstunden eingesetzt werden. Statt der Arbeitsstunden kann als Input aber auch der Energieverbrauch genutzt werden. Die sich dann ergebende Produktivitätskennzahl (Energieproduktivität) ist der Kehrwert der Energieintensität. Die Effizienz kann über die Energieproduktivität aber auch nur annäherungsweise bestimmt werden.

Für den Fall, dass die Effizienz genau ermittelt werden könnte, gilt zudem eine weitere Einschränkung: Das Modell suggeriert eine 1:1-Beziehung zwischen der Effizienzsteigerung und dem Rebound-Effekt – diese gibt es in der Realität nicht. Unternehmen müssen Effizienzsteigerungen zum Beispiel nicht unbedingt an den Verbraucher weitergeben. Sie können die neuen finanziellen Mittel auch anders verwenden. Es kann auch sein, dass vergleichbare Produkte trotz höherer Preise präferiert werden; zum Beispiel, weil die Marketingabteilung es schafft, ein Produkt trotz eines höheren Preises in ein besseres Licht zu rücken (also einen höheren Nutzen zu suggerieren) und dadurch eine größere Nachfrage entsteht. Auch wenn der Staat Einfluss auf die Preisgestaltung nimmt oder die Nachfrage beeinflusst, verändert sich dieser Zusammenhang.

Summa summarum gibt es viele Möglichkeiten, das Modell komplexer und aussagekräftiger zu machen. Für das weitere Verständnis reicht diese Abstraktionsstufe aber aus.

6.2 Die Spitze des Backfires

Wird die Gegenwart mit der Zeit der Erfindung und Verbreitung von Dampfmaschinen vor etwa 250 Jahren verglichen, so ist die Effizienz der Produktion heute erheblich größer. In dieser Zeitspanne hat zudem ein erhebliches Wohlstandswachstum stattgefunden, sowohl absolut als auch pro Kopf. Die Menschen müssen nicht mehr bei den Tieren schlafen, um nachts nicht zu frieren, kommen innerhalb eines Tages auf das andere Ende der Erde und erhalten jederzeit beinahe jede verfügbare Information per Mausklick. Das sind Errungenschaften unserer Zivilisation, die aber auch mit einem größer gewordenen Verbrauch von Ressourcen einhergegangen sind. Diese Entwicklung wurde im Kern durch Effizienzsteigerungen ermöglicht, die einen höheren Verbrauch materieller Ressourcen pro Kopf möglich machten. Unsere Zivilisation basiert also darauf, dass sie den Rebound-Effekt und Backfire genutzt hat – und heute immer noch nutzt?

Der Rebound-Effekt ist keine statische Konstante, die zu allen Zeiten gleich war. In vorindustrieller Zeit waren sowohl die Effizienz als auch die Bevölkerung und der Wohlstand nur in geringem Maße veränderlich. Das führte ergo auch zu Rebound-Effekten nahe Null. Es liegt nahe, dass der Rebound-Effekt mit der Industrialisierung und damit einhergehenden Effizienzsteigerungen in den Backfire-Bereich gelangt ist. Jevons schreibt 1865, dass sich die Bevölkerung seit Beginn des 19. Jahrhunderts etwa vervierfacht hat, der Kohleverbrauch jedoch um das Sechzehnfache und mehr gestiegen ist. Der Pro-Kopf-Verbrauch der Bevölkerung habe sich damit vervierfacht (Jevons, 1865, S. 150–151). Gleichzeitig ist das BIP pro Kopf in England zwischen 1800 und 1865 um den Faktor 2,5 gestiegen.[46] Bei einer angenommenen jährlichen Effizienzsteigerung von fünf Prozent je Jahr ergibt sich für die Phase von 1800-1865 in England ein Rebound-Effekt von 1,40 – ein klares Backfire zur Zeit der frühen Industrialisierung!

[46] Der Wert wurde auf Basis von Zeitreihen von Warde (2007) und Roser (2013) ermittelt. Die Angabe von Warde zur Bevölkerung wurde in Bezug zum BIP gesetzt, das wiederum über das Verhältnis des totalen Energieverbrauchs (Warde) und der Energieintensität (Roser) berechnet wurde.

Gleichzeitig wird hier vermutet, dass der Rebound-Effekt heute global nicht mehr im Bereich des Backfires liegt. Vergleichen wir den Energieverbrauch und das Bevölkerungswachstum von 1980 mit dem von heute, so stellen wir fest, dass sich die Bevölkerungszahl von etwas über vier Milliarden auf acht Milliarden beinahe verdoppelt hat (United Nations, 2022b). Der Weltenergiebedarf hat sich im selben Zeitraum von etwa 280 Exajoule auf etwa 600 Exajoule gesteigert – ebenfalls in etwa eine Verdoppelung (vgl. BP, 2022a, S. 8, 2022b). Seit 1980 wurde das globale BIP etwa vervierfacht, das BIP pro Kopf verdoppelt. Bei einer angenommenen Steigerung der Effizienz jährlich um drei Prozent liegt der Rebound-Effekt bei 0,44. Anders als im 19. Jahrhundert ist nun also kein Backfire mehr zu erkennen. Das lässt die Hypothese zu, dass es einen Backfire-Berg mit einem Hoch im 19. Jahrhundert gab, der seitdem immer weiter abgeflacht ist (siehe Abbildung 7). Zudem wird sich dies regional unterschiedlich entwickelt haben.

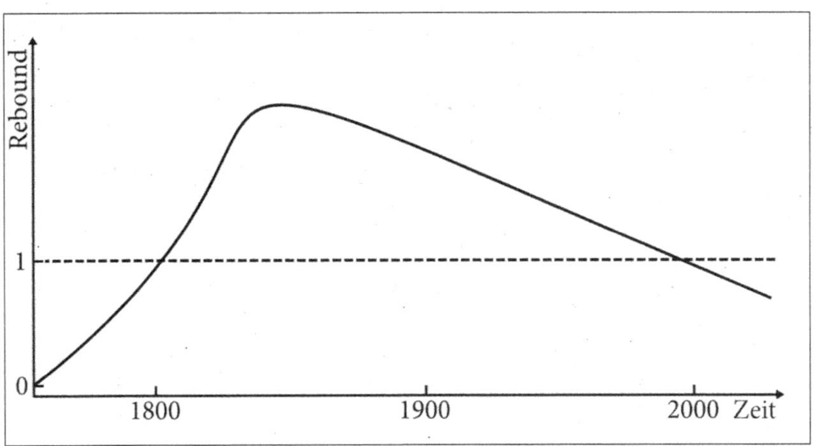

Abbildung 7: Angenommener Rebound-Effekt im Zeitverlauf.

Die prognostizierte Kurve lässt sich auf Basis des oben eingeführten Modells anhand historischer Zeitreihen überprüfen. Hier erfolgt das am Beispiel der Entwicklung in Deutschland. Die notwendigen Steigerungsraten ergeben sich aus einem zeitlichen Vergleich von BIP (siehe Abbildung 8), Bevölkerungszahl (siehe Abbildung 9) und Energieverbrauch (siehe Abbildung 10). Da speziell für Deutschland keine Zeitreihe zum historischen Energieverbrauch gefunden werden konnte, wird ganz Westeuropa als Referenz herangezogen.

In den Datenpunkten nach dem ersten Weltkrieg (1914-1918) und dem zweiten Weltkrieg (1939-1945) sind in allen drei Zeitreihen Einbrüche zu verzeichnen. Es schrumpft das BIP pro Kopf, die Bevölkerung wie auch der absolute Energieverbrauch. Davon abgesehen wachsen alle Werte mal mehr oder weniger schnell.

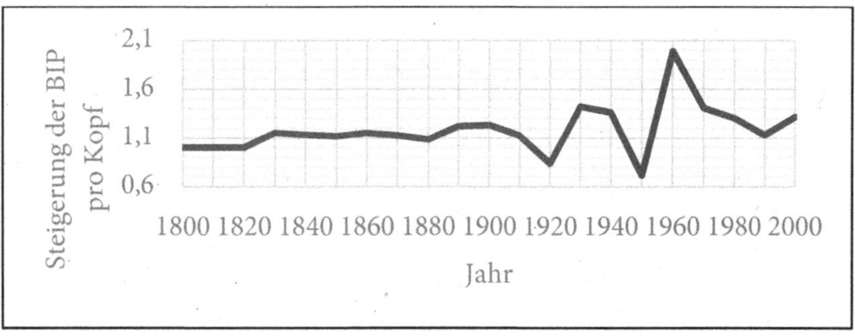

Abbildung 8: Steigerung des BIP pro Kopf in Deutschland alle zehn Jahre zwischen 1800 und 2000 (vgl. Clio Infra, 2020).

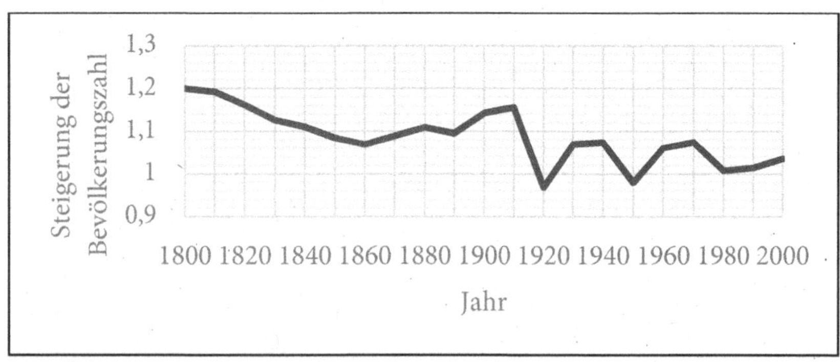

Abbildung 9: Steigerung der Bevölkerungszahl in Deutschland alle zehn Jahre zwischen 1800 und 2000 (vgl. Clio Infra, 2015).

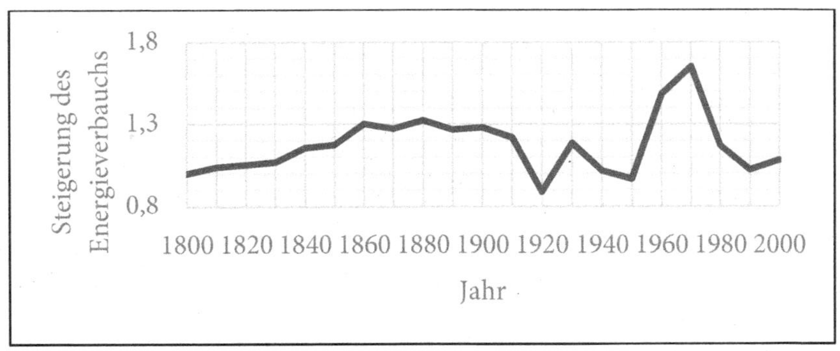

Abbildung 10: Steigerung des Energieverbrauchs in Westeuropa alle zehn Jahre zwischen 1800 und 2000 (vgl. Martin-Amouroux, 2022).

Um nun den Rebound-Effekt ausrechnen zu können, ist die Annahme einer Effizienzsteigerung notwendig. Hier werden jährlich fünf Prozent angenommen. Der resultierende zeitliche Verlauf des Rebound-Effekts (siehe Abbildung 11) zeigt, dass der Anstieg nach 1800 nicht so steil wie in Abbildung 7 prognostiziert ist, dennoch im Verlauf des Jahrhunderts das Backfire-Niveau (hellgrau) überschreitet. Danach fluktuiert der Rebound-Effekt im 20. Jahrhundert stark, was mit den erheblichen Auswirkungen des zweiten Weltkriegs zusammenhängt. Seit 1980 kann aber dauerhaft ein Rebound-Effekt unterhalb des Backfire-Niveaus gemessen werden.

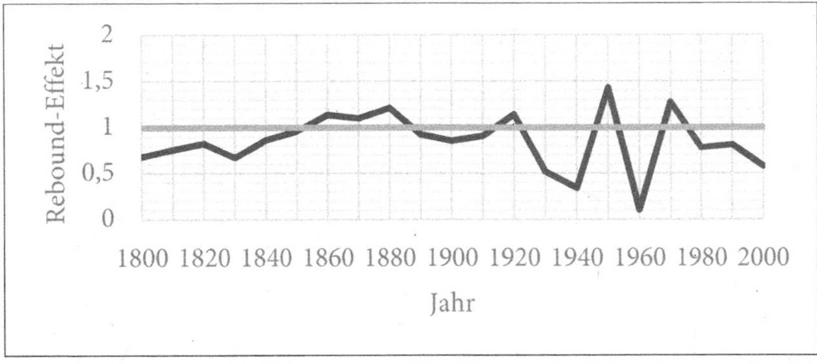

Abbildung 11: Rebound-Effekt in Deutschland bezogen auf den Energieverbrauch, Grenze für Backfire in Hellgrau.

Statt des Energieverbrauchs kann aber auch die Veränderung der CO_2-Emissionen als Bezug für den Verbrauch an Ressourcen genutzt werden (siehe Abbildung 12). Hier zeigt sich ein extremer Anstieg zu Beginn des 19. Jahrhunderts – nahezu Verdopplungen alle 10 Jahre über das gesamte Jahrhundert. In den Jahren nach den beiden Weltkriegen geht der Ausstoß jeweils kurz zurück. Seit 1990 ist dann auch ohne Kriegseinflüsse ein Rückgang der CO_2-Emissionen zu beobachten. Die Zeit zwischen 1700 und 1800 wurde mit sich nicht verändernden Daten ergänzt, um aufzuzeigen, dass der Rebound-Effekt hier bei 0 geschätzt wird. Der mit dieser Zeitreihe errechnete Rebound-Effekt entspricht in hohem Maße dem prognostizierten Verlauf eines Backfire-Bergs (siehe Abbildung 13).

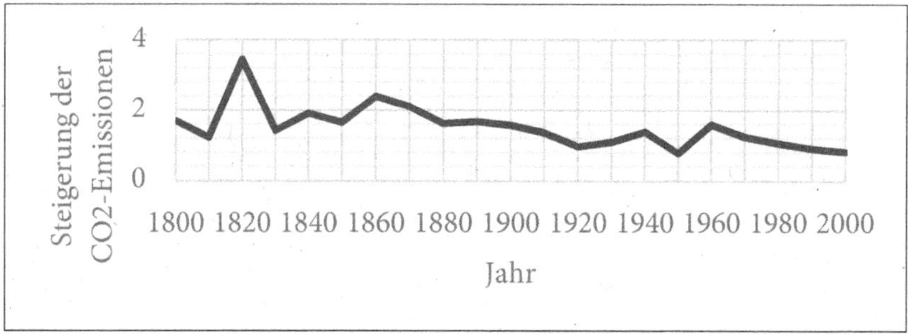

Abbildung 12: Steigerung der CO_2-Emissionen in Deutschland alle zehn Jahre zwischen 1800 und 2000 (vgl. Clio Infra, 2012).

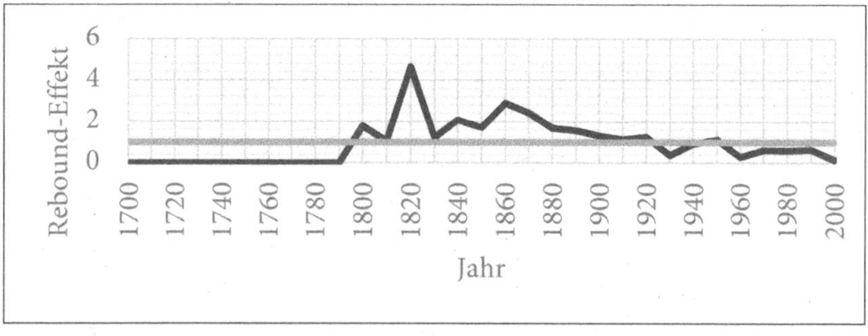

Abbildung 13: Rebound-Effekt in Deutschland bezogen auf die CO_2-Emissionen, Grenze für Backfire in Hellgrau.

Hier stellt sich vor allem die Frage, warum der Rebound-Effekt wieder auf einen Wert kleiner als 1 geschrumpft ist. Alcott – für den Effizienzsteigerungen immer Backfire mit sich bringen – untersuchte, wie gezeigt, vorwiegend Aussagen von klassischen Nationalökonomen, also Menschen, die überwiegend im 19. Jahrhundert publizierten. Damals gab es Backfire. Heute aber sieht das anders aus. Die Schlüsse aus den Beobachtungen von damals können auf die heutige Zeit somit nicht ohne weitere Interpretation übernommen werden.

Vorwiegend ist kein Backfire mehr zu beobachten, weil der Energieverbrauch bzw. die Erzeugung von Emissionen nicht mehr so stark wachsen. Dies kann auch auf eine Abnahme der jährlichen Effizienzsteigerungen hindeuten – das Pulver der letzten »silver bullet« könnte langsam verschossen sein. Zudem können Sättigungs- und/oder Suffizienzeffekte eingetreten sein. Des Weiteren steigt die Bevölkerungszahl nicht mehr wesentlich und deren Wachstum hat sich vom »technischen Fortschritt« entkoppelt oder ist im Verhältnis zu diesem gar gegenläufig.

Dieser kleine empirische Einblick am Beispiel Deutschlands zeigt aber auch auf, dass bei der Erforschung von Rebound-Effekten noch viel zu tun ist. Besonders durch eine genauere Einschätzung der Produktivität/Effizienz ließen sich aussagekräftigere Ergebnisse erzielen. Zudem können verschiedene Rebound-Effekte in das zugrundeliegende Modell noch genauer implementiert werden.

6.3 Handlungsmöglichkeiten zur Beeinflussung der Faktoren

Retten wir mit Automatisierungstechnik also unsere Welt? Wenn wir derzeit im Bereich des Rebound-Effekts < 1 sind, ist dem so. Zumindest jedenfalls wird dann ein Beitrag geleistet, den Verbrauch der Ressourcen absolut zu senken. Im obigen Modell gibt es dabei vier Stellschrauben, durch deren

Veränderung der Ressourcenverbrauch weiter gesenkt werden kann: Das Bevölkerungswachstum, das Wohlstandswachstum, die Effizienzsteigerung und den Rebound-Effekt selbst. Diese Faktoren werden nun einzeln betrachtet. Es wird diskutiert, in welcher Weise unterschiedliche Akteure (Staaten, Unternehmen und Individuen) Einfluss nehmen können.

Bevölkerungswachstum

Den Start macht das Bevölkerungswachstum: Die Verringerung der Bevölkerungszahl wird von vielen als wesentlicher Hebel gesehen, um den Herausforderungen eines hohen Pro-Kopf-Ressourcenverbrauchs zu begegnen. Die Idee dahinter ist, dass weniger Menschen auch absolut weniger Ressourcen verbrauchen. Dabei besteht Grund zur Annahme, dass die Geburtenrate von selbst so weit sinkt, dass in Zukunft viel weniger Menschen geboren werden (vgl. United Nations, 2022c, S. 14). In Europa und Nordamerika finden so nur durchschnittlich 1,5 Geburten pro Frau statt (United Nations, 2022c, S. 15). Diese Staaten befinden sich demnach in der Phase 5 des *Demographic Transition Models*. Dort werden vielerorts sogar Maßnahmen zur Förderung von Geburten durchgeführt (z. B. Kindergeld). Dahingegen könnten staatliche Eingriffe zur Geburtenkontrolle auch die Verringerung (des Wachstums) der Bevölkerung zum Ziel haben. Das wohl bekannteste Beispiel ist Chinas Ein-Kind-Politik. Diese Maßnahme erzielte eine hohe Wirksamkeit: Das Bevölkerungswachstum Chinas wurde nachhaltig gebremst (vgl. Hesketh, Lu & Xing, 2005, S. 1174).[47] Als Ursachen für die Transition einer Gesellschaft in die Phase 5 des *Demographic Transition Models* wird gemeinhin jedoch eine stärkere Bildung (insbesondere

[47] Wird der Verzicht auf Kinder erzwungen, ist das allerdings ein besonders schwerwiegender Eingriff des Staates, da man das grundlegendste Ziel eines individuellen Lebewesens angreift, wenn man die Fortpflanzung erschwert oder verhindert.

von Frauen) aufgeführt. Auch die Abkopplung der Altersvorsorge von dem eigenen Nachwuchs ist hier eine wichtige Bedingung.[48]

Aus Sicht der zuvor definierten Ziele 1 und 2 (1. Leben schützen, 2. Menschen schützen) ist ein Bevölkerungsrückgang sicher hilfreich. Beim Ziel 3 (3. Zivilisation schützen) sieht das jedoch anders aus: So ist es eine Errungenschaft der menschlichen Zivilisation, dass acht Milliarden Menschen zeitgleich leben können. Eine Reduzierung der Bevölkerung ist also vor allem relevant, um die Ziele 1 und 2 (und teilweise Ziel 4[49]) zu erreichen, nicht jedoch Ziel 3. Deswegen sollen diese Ausführungen hier auch nicht als Aufforderung verstanden werden, keine Kinder zu kriegen – Kinder sind notwendig, um Ziel 3 zu erreichen.

Wie kann das Bevölkerungswachstum also beeinflusst werden? Die Automatisierungstechnikunternehmen haben hier nur höchst indirekt die Auswirkung, dass sie das Wohlstandsniveau generell steigert und dadurch Gesellschaften eher in die Phase 5 des *Demographic Transition Model* übergehen. Als Individuum dahingegen kann die Anzahl der eigenen Nachkommen – unter den individuell gegebenen ökonomischen und sozialen Rahmenbedingungen – weitestgehend selbst bestimmt werden. Die größte gezielte Steuerung kann noch der Staat erzielen, der mit politischen Maßnahmen Geburten unterdrücken oder fördern kann.

---

[48] Besonders Staaten mit hohen Geburtenraten haben ein Potenzial zur Verringerung dieser. Allgemein gehen Befürchtungen dahin, dass diese starken Wachstumsraten jedoch beibehalten und zugleich der Ressourcenverbrauch pro Kopf deutlich erhöht wird. Wobei man auch deutlich anführen muss, dass es nicht die heute stark wachsenden Staaten sind, die zum wesentlichen Teil des Ressourcenverbrauchs beitragen, sondern die (früher stark gewachsenen) Industrienationen! Die Befürchtung scheint zudem vor dem Hintergrund weniger gut begründet zu sein, dass in anderen Ländern mit steigendem Wohlstand die Geburtenrate gesunken ist.

[49] Das Ziel 4 (Wohlstand für alle) wird hier ausgeklammert, weil es auch erfüllt ist, wenn nur wenige Menschen existieren und in Wohlstand leben. Da es definitionsgemäß jedoch Ziel 3 untergeordnet ist, bezieht sich es auf eine große Anzahl lebender Menschen.

Wohlstandswachstum

Wie im vorhergegangenen Abschnitt bereits angedeutet hat die Automatisierungstechnik einen Einfluss auf das Wachstum von Wohlstand. Die Automatisierungstechnik führt zu Effizienzsteigerungen, diese zu geringeren Preisen, Menschen können sich mehr leisten, konsumieren mehr Güter, die wiederum produziert werden müssen – die Wirtschaft wächst. In der Regel wächst die Wirtschaft dadurch auch schneller als die Bevölkerung, womit eine Erhöhung des Wohlstands pro Kopf einhergeht. Die Wirkung der Automatisierungstechnik vollzieht sich also vorwiegend über die Effizienzsteigerungen (dieser Punkt folgt unten). Individuen dahingegen können Einfluss auf ihren eigenen Konsum nehmen. Wenn sich alle Individuen koordinieren würden, hätten sie also erheblichen Einfluss auf die Veränderung der wirtschaftlichen Entwicklung. Da das unrealistisch erscheint, ist auch hier der Staat wieder der mächtigste Akteur im Bunde: Zum einen setzt er die grundlegenden Rahmenbedingungen wirtschaftlicher Entwicklung. Zum anderen steht ihm ein ganzer Baukasten an Maßnahmen zur Verfügung, um auf die wirtschaftliche Entwicklung gezielt Einfluss zu nehmen – das bekannteste Beispiel hierfür sind Steuern.

Nicht gestellt wurde bisher die Frage, ob unendliches Wohlstandswachstum überhaupt notwendig ist. Mehr Güter führen – wenn man sich vom monetären Wohlstandsbegriff löst – nicht zwingend zu einer besseren Erfüllung von Ziel 4 (Wohlstand für alle). Zumindest besteht das Potenzial, ein besseres Leben für alle mit einer deutlichen Dematerialisierung zu erreichen, ermöglicht durch eine Abkopplung des Wirtschaftswachstums von dem Ressourcenverbrauch.[50] Wie aber kann man wachsen, ohne mehr Dinge zu verbrauchen? Das passiert zum Beispiel, wenn Geld für ideelle Produkte ausgegeben wird. Für das Lesen dieses Textes wurde beispielswei-

---

[50] Das ist allerdings wieder eine beschränkte westliche Sicht: Wenn man hungert, muss man essen. Und Essen ist materiell.

se Geld ausgegeben. Die Textproduktion schöpfte hier einen nicht-materiellen Wert, für den bezahlt wurde (vom Papier, auf dem gedruckt wurde, mal abgesehen). Vor allem die Digitalisierung bietet dabei viele Möglichkeiten, ideelle Produkte zu schaffen. Aber auch nicht-digitale Dienstleistungen schaffen monetären Wert, ohne primär auf materiellen Gütern zu basieren, beispielsweise die Betreuung und Pflege von Menschen.

Wirtschaftswachstum ohne eine Steigerung der Emissionen wird dabei auch als grünes Wachstum bezeichnet. Allerdings wird auch für digitale Produkte Energie benötigt; und diese besitzt ebenfalls eine materielle Komponente.[51] So wurde auch für das Schreiben dieses Textes Energie benötigt. Zudem wurde ein Laptop genutzt, der hochgradig materiell ist. Und am Ende wurde der Text in ein Buch gedruckt oder es wird ein Endgerät benötigt, um den Text digital zu lesen. Die Materie ist also nie ganz weg. Auch aus solchen Gründen wird in Frage gestellt, ob es grünes Wachstum überhaupt geben kann. Dass, wie gezeigt, in einigen Staaten das Wirtschaftswachstum anhält, obwohl die CO_2-Emissionen rückläufig sind, scheint jedoch ein Indiz dafür zu sein, dass grünes Wachstum tatsächlich stattfinden kann. Treibt man diese Idee jedoch auf die Spitze, entsteht ein Zustand unendlichen Wirtschaftswachstums bzw. Wohlstands ohne Ressourcenverbrauch. Das erscheint nicht realistisch. Materie wird immer relevant bleiben – und die Möglichkeiten grünen Wachstums somit begrenzt.

Das Wohlstandswachstum – ob grün oder nicht grün – ist jedoch immer von der Steigerung des BIP pro Kopf abhängig. Grundsätzlich kann eine Marktlogik aber auch auf nicht-monetäre Werte angewendet werden. Nicht nur Geld kann maximiert werden, sondern alles, für das es ein Maß

---

[51] Hier spielt die Energiewende – der konsequente Einsatz erneuerbarer Energien – zwar eine ganz entscheidende Rolle, um weniger fossile Materie zu verbrennen. Nicht vergessen werden sollte jedoch, dass auch die Erzeugung erneuerbarer Energie Ressourcen benötigt.

gibt. Es lohnt sich also, über Alternativen nachzudenken und sie zu einem Thema politischer und gesellschaftlicher Diskussionen zu erheben. Ein konkretes Konzept ist beispielsweise die Gemeinwohl-Ökonomie (vgl. Felber, 2018). Hierbei wird das wirtschaftliche Handeln einer Gesellschaft am gemeinen Wohl ausgerichtet. Offen ist dabei die Frage, ob ein kapitalistisch orientiertes System eine geeignete Wirtschaftsform darstellen kann, um eine Neudefinition des Wohlstands umzusetzen. Einzelne Unternehmen scheinen darin einen geringen Handlungsspielraum zu besitzen: Unternehmen können nicht einfach aufhören, monetäre Gewinne zu erzeugen und rentabel zu sein. Auf lange Sicht würde das zur Zahlungsunfähigkeit führen. Sie würden aufhören zu existieren. Unternehmen sind also gezwungen, sich insgesamt einer monetären Marktlogik zu unterwerfen, ohne dass dieser Umstand sie von der Verantwortung ihres Handelns befreit. Individuen wiederum können ihr Handeln flexibler anpassen. Aber auch sie sind von der Prämisse nicht befreit, langfristig keine Schulden anhäufen zu können. Hier also kann nur der Staat (womit auch Staatenverbünde gemeint sind) wesentliche Weichen stellen – und auf staatliches Handeln kann jeder nach seinen Möglichkeiten Einfluss nehmen.

Effizienzsteigerung

Auch bezogen auf die Effizienz gibt es grundsätzlich zwei Richtungen: Eine Steigerung und einer Verminderung der Effizienz. Die Verminderung scheint absurd: Automatisierungstechnikhersteller könnten ineffizientere Technik herstellen. Das hätte zur Folge, dass niemand diese kaufen und einsetzen würde. Wir sind weit davon entfernt, dass Unternehmen freiwillig ihre Effizienz verschlechtern, um ihre Preise erhöhen zu müssen, um wiederum die Nachfrage nach ihren Produkten zu senken – zumal sie ihre Preise ja auch ohne Effizienzverluste selbstständig anheben könnten. Die Simulation eines Preisschocks erlebt die Welt gerade durch den Inflationsschock, ausgelöst durch die Energiekrise. Zentral hier ist, dass die Löhne nicht im gleichen Maße wie die Inflation steigen und es somit sinkende Reallöhne gibt: Die Menschen können sich weniger Konsum leisten. Sie versuchen, nicht notwendigen Konsum zu reduzieren, um Geld zu sparen. Es zeigt sich also ein Effekt, der auch bei sinkenden Effizienzsteigerungen zu erwarten ist. Aus Ressourcensicht ist das positiv: Da weniger konsumiert wird, werden Ressourcen eingespart.[52]

Eine Verschlechterung der Effizienz erscheint demnach aber gar nicht notwendig, um eine Reduktion des Ressourcenverbrauchs zu bewirken. Wie aktuell am Beispiel der Energiekrise im Zuge des Ukraine-Kriegs zu sehen ist, reicht eine Veränderung der Preise aus. Die wiederum können in einem gewissen Rahmen durch den Staat gesteuert werden. Ein bewusster Stopp der technischen Weiterentwicklung oder gar eine Rückentwicklung wäre hingegen schädlich: Mit weniger Effizienz würde auch eine Verschwendung von Ressourcen einhergehen (Reibung, Verschnitt, Ausschuss etc.). Die Effizienz ist also in jedem Fall weiter zu erhöhen.

Die Entkopplung von Effizienzsteigerungen und Preisen scheint also ein wichtiger Ansatzpunkt zu sein. Einzelne Unternehmen können aber langfristig nicht aufhören, Effizienzsteigerungen durch den Preis an Verbraucher weiterzugeben. Das würde einer relativen Verschlechterung im Vergleich zum Wettbewerb gleichkommen: Auf lange Sicht würde niemand die Produkte mehr kaufen und einsetzen. Auch hier ist es wieder der Staat, der für alle Unternehmen gleichermaßen gültige Rahmenbedingungen setzen kann. Staatliches Handeln muss in vielen Fällen zudem auf globaler Ebene geschehen, da die Hersteller in einem globalen Wettbewerb stehen.

---

[52] Insbesondere ärmere Haushalte haben aber nicht genügend Einsparpotenzial und liquide Mittel, um die steigenden Kosten zu kompensieren (vgl. Steckel, Missbach, Ohlendorf & Feindt, 2022, S. 20). Gleichzeitig ist der Lebenswandel von Leuten mit hohem Einkommen kaum verändert – lediglich wird jeden Monat etwas weniger Geld gespart oder investiert. Das hat das Potenzial für große soziale Verwerfungen, die der Staat abfedern sollte.

Eine einzelne Regierung, die inländische Unternehmen in ihrer Wettbewerbsfähigkeit bedeutend schwächt, würde in einem demokratischen System unter Bedingungen eines freien Handels vermutlich nicht lange bestehen. Hier wird deutlich, wie wichtig funktionierende internationale Organisationen sind.

Rebound-Effekt

Die drei vorherigen Hebel sind schwierig zu bedienen; es verbleibt also der Rebound-Effekt. Hier sind es vor allem die Verbraucher – Sie, die dieses Buches gerade lesen –, die einen Einfluss nehmen können. Als Einzelperson/Haushalt kann man die Konsumquote[53] verringern, also den Anteil des Einkommens, der für Konsum ausgegeben wird. Hier ist oftmals auch von Verzicht die Rede. Der Begriff »Verzicht« ist dabei stark negativ konnotiert (vgl. Gruhn, 2022, S. 199–204). Niemand möchte gerne auf etwas verzichten. Dieses Framing führt dazu, dass weniger Menschen freiwillig verzichten. Wird hingegen ein anderer Begriff gewählt und spricht man stattdessen von der Vermeidung von Verschwendung, ist die Konnotation eine gänzlich andere. Niemand verschwendet gerne irgendetwas. Tatsächlich mag es helfen, individuell diesen gedanklichen Sprung zu wagen.

In den meisten Haushalten westlicher Industrieländer gibt es viel Potenzial zur Reduzierung der Konsumquote – wahrlich jedoch nicht in allen! Hier klingt es oft sogar zynisch, Menschen mit wenig Handlungsspielraum Verzicht zu empfehlen. Vielleicht hilft es, sich zu fragen, was man wirklich braucht. Fährt man in den Urlaub, weil man auf der Arbeit bloß eine schöne Urlaubsgeschichte erzählen will? Kauft man das große Auto, weil man Erfolg zeigen will? Was ist Statusgeplänkel?[54] Es kann helfen, sich

---

[53] Die Konsumquote ist der Anteil des Einkommens, der für Konsum ausgegeben wird.

[54] Konsum, der hier abwertend als »Statusgeplänkel« bezeichnet wird, hat nicht per Definition keinen Nutzen. Er kann den Nutzen haben, die Zugehörigkeit zu einer sozialen

bewusst zu machen, welcher Konsum vom sozialem Erwartungsdruck des Umfelds geprägt ist – und dort anzusetzen. Am Ende schadet es dem eigenen Glücksempfinden womöglich nicht einmal, sich davon loszusagen.

Wenn unnötiger Konsum reduziert wird, bleibt Geld übrig. Wenn man dieses Geld nun nutzt, um anderen ressourcenintensiven Konsum zu betreiben, ist auch nichts gewonnen. Spart man es, wird stattdessen die Sparquote[55] erhöht.[56] Das allein ist auch noch kein Garant dafür, dass Rebound-Effekte vermieden werden. Es geht dann nämlich darum, das Ersparte so zu investieren, dass möglichst wenig neuer Ressourcenverbrauch hervorgerufen wird. Was kann das funktionieren? Am sinnvollsten wäre es womöglich, einfach ein Stück Land zu kaufen und jenes mit Bäumen vollzupflanzen. Das machen aber natürlich nur Menschen, die das Geld nie wieder brauchen. Vielleicht gibt es vor Ort eine Energiegenossenschaft, die Windräder aufstellt und an der man sich beteiligen kann. Am besten ist es, sich individuell mit einer kompetenten Person seines Vertrauens über die Möglichkeiten zu beraten.

Alle, die konsumieren, haben eine große Macht zur Veränderung des Rebound-Effektes. Nicht umsonst heißt es, dass jede Kaufentscheidung einer Wahl gleichkommt. Doch würde man es sich zu einfach machen, die Verantwortung zur Reduzierung des Rebound-Effekts allein an die Einzelpersonen zu übertragen. Kein Mensch kann alle ökonomischen Effekte überblicken und zeitgleich sein eigenes Handeln auf ein Ziel anpassen, dessen er sich in vielen Fällen gar nicht bewusst ist. Das ist unzumutbar, selbst

---

Gruppe zu unterstreichen und somit soziale Bedürfnisse zu befriedigen. Durch sein Verhalten aber prägt man auch die Kultur sozialer Gruppen mit – und kann dieses verändern. Im Zweifel gilt es, selbst voranzugehen.

[55] Die Sparquote ist der Anteil des Einkommens, der gespart/investiert wird.

[56] Auch deswegen ist der Begriff »Verzicht« schlecht gewählt. In der Regel verbrennt man sein Geld nicht, sondern legt es an, um durch Vermögensbildung künftigen Konsum zu ermöglichen – oder das Vermögen der nächsten Generation bereitzustellen.

für Menschen, die in der Volkswirtschaftslehre promoviert haben. Hier muss der Staat bilden und leiten. Das Forschungsprojekt »ReCap« (Zeitraum: April 2017 bis November 2021) zeigte verschiedene Politikmaßnahmen auf, die der Staat zur Eindämmung von Rebound-Effekten (zumindest in Unternehmen) vornehmen kann. Es zeigen sich im wesentlichen drei Schwerpunkte (vgl. Berner et al., 2021, S. 4–5):

1. Die erste Empfehlung umfasst eine klare Zielsetzung von Förderprogrammen. Es besteht zwar die Notwendigkeit, Effizienzverbesserungen zu fördern, doch sollte auf Rebound-Effekte sowie Möglichkeiten zu deren Begrenzung gesondert hingewiesen werden. Entscheidend sei bei Förderprogrammen die gesamtwirtschaftliche Auswirkung, nicht das einzelne Unternehmen.
2. Zudem sollen Förderprogramme inhaltlich miteinander verknüpft und als Teil einer staatlichen Umweltpolitik verstanden werden. Die Programme könnten mit anderen staatlichen Instrumenten (u. a. eine höhere CO_2-Bepreisung, Besteuerung von Energie oder aber der staatlichen Deckelung von Produktionsmengen) verknüpft werden, um Rebound-Effekte konkret zu begrenzen.
3. Im Weiteren geht es darum, Effizienzgewinne möglichst umweltentlastend zu reinvestieren. Auf Unternehmen bezogen bedeutet das, freiwerdende Mittel in Forschung und Entwicklung einzusetzen, die weitere Effizienzsteigerungen zum Ziel haben. Die Vergabe von Fördermitteln kann an die Zusage einer solchen Investition geknüpft sein.

Bei der Analyse der möglichen Reduktion wurde ein bestimmter Fall bisher noch nicht berücksichtigt: Es kann auch zu einem negativen Rebound-Effekt kommen. Ein Beispiel auf lokaler Ebene stellt der Wasserverbrauch in Albuquerque dar, der größten Stadt in New Mexico, USA. Der Stadt stand ein Wassermangel bevor. Gezielte Politikmaßnahmen der Stadtverwaltung führten durch eine gesteigerte Effizienz zu einem geringeren Wasserverbrauch. Die städtischen Versorgungswerke verloren damit Einnahmen, sodass die Kosten für das Wasser angehoben werden mussten, um die Investitionen in die Infrastruktur finanzieren zu können. Die Menschen zahlten mehr Geld dafür, dass sie weniger verbrauchten. Höhere Wasserkosten wiederum führten zu einem hochbleibenden Sparanreiz. Letztendlich sank der absolute Wasserverbrauch trotz eines Wachstums der Stadt (vgl. Tainter, 2008, S. XV–XVI). Dieser langfristige Blick der Stadt – deren Handeln von der Zustimmung in der Bevölkerung abhängig gewesen ist – bewahrte die Bevölkerung in Zukunft voraussichtlich vor größeren Problemen in der Versorgung mit einem lebenswichtigen Gut; dem Wasser.

Wie schon erwähnt sind einzelne Staaten in einer globalen Welt jedoch nur bedingt handlungsfähig. Besonders auch bei der Beeinflussung dieser vier Faktoren (Bevölkerungswachstum, Wohlstandswachstum, Effizienzsteigerung, Rebound-Effekt) erscheint die politische Zerstückelung der Welt ein relevantes Risiko zu sein. Jedoch kann das auch eine Chance darstellen: Mit Blick auf Rebound-Effekte ermöglicht die Zerstückelung, dass individuelle Länder – oder einzelne Städte wie Albuquerque – als Vorreiter voranschreiten und zeigen, wie es gehen kann. So können auch einzelne Länder Pilotprojekte initiieren und andere zur Nachahmung motivieren. Um das Jahr 1500 hat der Umstand einer zerstückelten politischen Landschaft in Europa noch dazu geführt, dass sich die (aus Sicht der Portugiesen) richtige Entscheidung für eine Expedition »nach Indien« durchsetzte (vgl. oben) und andere Länder nachzogen, was letztlich zur (aus Sicht der indigenen Bevölkerung fatalen) Kolonialisierung Amerikas führte.

Bei den heutigen ökologischen Veränderungen besteht jedoch das Risiko, dass Länder zu lange eine beobachtende Position einnehmen und zu spät selbst mit Veränderungen beginnen. Des Weiteren können einzelne Staaten in einer zerstückelten Landschaft auch einen breiten Konsens gefährden. So könnten manche Länder ausscheren und Umweltmaßnahmen nicht mittragen, wenn es ihnen wirtschaftliche Vorteile brächte. Ein wohlbekanntes Prinzip käme zum Tragen: Die Kette ist nur so stark wie ihr schwächstes Glied.

6.4 Zusammenfassende Diskussion

Die Welt steht vor Herausforderungen: Die Fördergrenzen von Ressourcen und die Umweltbelastungsgrenzen (insbesondere durch die Konzentration von CO_2 in der Atmosphäre) stellen eine neue malthusianische Falle dar. Diese Umstände sind für die Menschheit ein existenzielles Risiko. Der Gedanke, dass neue Technologie all diese Probleme ohne eine zusätzliche Veränderung des Konsumverhaltens löst, lässt sich zweifelsohne gut verkaufen. Vieles deutet jedoch darauf hin, dass (automatisierungs-)technische Entwicklungen – und die daraus resultierenden Effizienzsteigerungen – allein eben kein Allheilmittel sind. So konnte gezeigt werden, dass es in den letzten 200 Jahren lange Phasen des Backfire gegeben hat. Ziel muss es aber sein, Backfire zu verhindern, weil dadurch langfristig übergeordnete Ziele gestört werden (1. Leben schützen, 2. Menschen schützen, 3. Zivilisation schützen, 4. Wohlstand für alle). Es stellt sich darum die Frage, ob Effizienzsteigerungen Teil des Problems oder Teil der Lösung der aufgezeigten Herausforderungen sind (vgl. Alcott, 2008, S. 13). Sind die Ingenieure, welche die Effizienzsteigerungen möglich machen, also die Retter der Welt oder deren Totengräber? Dieses Buch sieht Ingenieure als Retter – jedoch nicht unbedingt: Wollen wir mit Technikentwicklung im Allgemeinen und der Automatisierungstechnik im Speziellen zum Wohle der Welt beitragen, müssen weitere Bedingungen erfüllt sein.

Heute scheinen Effizienzsteigerungen kein Backfire mehr auszulösen. Allerdings ist noch ein nicht unerheblicher Rebound-Effekt erkennbar. Dabei gilt: Je kleiner der Rebound-Effekt wird, umso mehr helfen die

Effizienzsteigerungen dabei, die genannten Ziele zu erfüllen. Im Umkehrschluss: Je besser die Ziele erfüllt werden, desto fortschrittlicher ist eine Technik. Ob Technikentwicklung also gut oder schlecht, fortschrittlich oder rückschrittlich ist, wird über die gesellschaftlichen Bedingungen entschieden. Und diese können von Menschen verändert werden.

Diese Perspektive schließt einen Selbstzweck der Technik aus und macht es notwendig, sich von dem Bild eines »technischen Fortschritts« an sich zu lösen. Für einen Techniker mag es eine seltsame Vorstellung sein, dass neue Technik nicht an sich fortschrittlich sein kann, sondern erst die gesellschaftlichen Umstände darüber bestimmen, ob von einem Fortschritt gesprochen werden kann. Dieser gedankliche Sprung aber ist notwendig. Und gleichzeitig nimmt dieser Sprung den Ingenieuren nichts weg: Die Aufgabe der Automatisierungstechnik und anderer Disziplinen ist es dabei auch weiterhin, die Effizienz von Maschinen maximal zu steigern. Für mehr Nachhaltigkeit stellt das eine notwendige Bedingung dar, jedoch keine hinreichende.

Am Ende stellt man sich als Einzelperson auch die Frage, was man selbst tun kann. Ein sehr wichtiger erster Schritt ist mit dem Stellen ebenjener Frage schon erfolgt. Man muss sich seiner Selbstwirksamkeit bewusst werden. Beim eigenen Konsumverhalten kann man ansetzen: Jede Kaufentscheidung ist eine Wahl zwischen den Handlungen verschiedener Unternehmen. Mit jeder Kaufentscheidung beeinflusst man das Verhalten dieser. Dabei hilft es, sich ein paar Handlungsweisen einzuprägen. Dazu gehört es, lokale Produkte einzukaufen, außerdem nur Dinge, die man wirklich braucht, sich nicht mit zusätzlichem Konsum für umweltfreundliches Verhalten zu belohnen und sein Geld umweltfreundlich und möglichst Rebound-frei zu investieren.[57] Auch müssen nicht immer nur teure

---

[57] An der Stelle sei bemerkt, dass der Begriff »umweltfreundlich« oft irreführend verwendet wird – auch hier. Er suggeriert nämlich, dass eine Handlung der Umwelt Gutes

Produkte gekauft werden. Grundsätzlich bedeutet teuer nicht unbedingt immer besser (in Hinblick auf die Zielerreichung), der Preis ist nämlich auch durch den Material- und Energieeinsatz bestimmt. Ein Beispiel ist der Fleischkonsum: Aus ethischen Gesichtspunkten mag es aufgrund des Tierwohls besser erscheinen, Biofleisch dem Fleisch aus Massentierhaltung vorzuziehen. Auf der anderen Seite ist es so, dass für deren Aufwachsen mehr Land, mehr Futtermittel, mehr Zeit und auch menschliche Arbeitskraft benötigt werden – mehr Ressourcen. Biofleisch kann so mitunter – aber nicht in allen Fällen – mehr Treibhausemissionen verursachen (vgl. Hirschfeld, Weiß, Preidl & Korbun, 2008, S. 124).[58]

Das sind Aspekte, über die man als Einzelperson durch den Konsum Einfluss nehmen kann. Daneben ist die eigene Arbeitstätigkeit ein wichtiger Hebel. Arbeit ist eine zentrale Möglichkeit zur Beeinflussung unserer Welt – oftmals sogar die beste Möglichkeit. Die Wahl darüber, welchen Beruf man in welcher Branche ergreift, entscheidet in hohem Maße, welchen Effekt man mit seinem Leben wo bewirken kann. Der Schluss liegt nahe, einen Beruf zu ergreifen, indem man zur Steigerung der Effizienz beitragen kann. In den meisten Fällen sind das ingenieurswissenschaftliche Berufe. Aber technische Weiterentwicklung allein reicht nicht aus. Neben der Kopfarbeit ist es genauso wichtig, dass es genügend ausgebildete Menschen gibt, die die Dinge in der Praxis auch umsetzen; Anlagen montieren, Leitungen verlegen, Maschinen umprogrammieren. In der Wichtigkeit steht die Handarbeit der Kopfarbeit in nichts nach.

---

tut. Tatsächlich aber wird oftmals nur weniger Schlechtes verursacht. Beispielsweise der Betrieb eines E-Autos ist nicht umweltfreundlich; er ist gegebenenfalls nur etwas weniger schädlich.

[58] Wenn mit einer Steigerung des Preises jedoch auch die Langlebigkeit und somit die Nutzungsdauer gesteigert wird (bei Fleisch eher nicht denkbar), ist es ggf. aus jeder Hinsicht ein vorteilhafteres Produkt.

Daneben kann man als einzelner Bürger auch Einfluss auf das staatliche Handeln nehmen – in demokratischen Gesellschaften sogar besonders gut und einfach. Es ist neben dem eigenen Konsum und der Arbeitstätigkeit der dritte, sehr wirkungsvolle Hebel, als Individuum Einfluss zu nehmen. Je nachdem, wo man wohnt, sind die Möglichkeiten dabei andere. In Demokratien heißt das aber im Mindesten, wählen zu gehen und die Partei zu wählen, von der man glaubt, dass sie den Herausforderungen am besten begegnet. Weitergehend kann man sich selbst in Verbänden und Parteien engagieren, sich sogar wählen lassen. Durch all diese Maßnahmen kann man auch als einzelner Mensch seinen Teil dazu beitragen, Effizienzsteigerungen zu fördern und die gesellschaftlichen Umstände so zu gestalten, dass möglichst geringe Rebound-Effekte entstehen.

Es zeigt sich aber auch, dass Empfehlungen in dem Bereich keineswegs trivial sind. Märkte sind komplizierte Gebilde mit zahlreichen Wechselwirkungen. So wie es an den Ingenieuren ist, die Effizienz zu steigern, so ist es also an den Wirtschaftswissenschaftlern, geeignete Möglichkeiten aufzuzeigen, Rebound-Effekte zu verringern. Um noch bessere Empfehlungen für Privatpersonen, Unternehmen und staatliches Handeln geben zu können, müssen Rebound-Effekte dabei noch besser verstanden werden. Hier ist mehr Forschung zu Rebound-Effekten notwendig.

7 Fazit

Wenn ich abends schlafen gehe, geht dem in der Regel eine Routine zuvor: Ich ziehe mir den Schlafanzug an. Danach folgt die abendliche Hygiene – die Zahnpasta tritt für einen kurzen Moment wieder in den Mittelpunkt des Geschehens. Dann lege ich mich ins Bett, nehme das Smartphone zur Hand, überprüfe den Wecker. Und am nächsten Tag geht es wieder von vorne los. Auch wenn Gewohnheiten beibehalten werden, verändert sich dieser Tageszyklus mit fortschreitendem Zeitstrahl doch immer ein wenig. Mehr oder weniger spürbar verändert sich die Art und Weise, wie ich konsumiere und produziere – die Zahnbürste wird elektrisch, zum Smartphone kommt eine Smartwatch hinzu, eine KI verbessert die E-Mail-Texte.

Was das auf lange Sicht ausmacht, wird mir besonders deutlich, wenn mir mein Großvater davon erzählt, wie er als Kind abends Backsteine im Ofen erwärmt hat, um mit diesen die Betten vorzuwärmen – es gab keine Heizung. Oder wenn er davon erzählt, wie aufwändig gewaschen und in der Schule mit Schiefer geschrieben wurde, dass es keine Tiefkühltruhe gab, sondern hunderte Einmachgläser im Keller, in denen alles eingekocht war. Viele kleine Veränderungen führen zu einem völlig veränderten Alltag – einem Alltag in großem Wohlstand.

Zweifelsohne wird heute mehr konsumiert als im Deutschland der 1940er Jahren, als mein Großvater ein Kind war. Auch wird ganz anders produziert. Diese Veränderung wird noch eindrucksvoller, wenn man noch weiter nach hinten blickt. Der Großvater meines Großvaters stand noch mit beiden Beinen auf dem Acker und bewirtschaftete diesen mit Vieh und eigener Muskelkraft – eine Tätigkeit, die ein Mensch mit seinem Traktor heutzutage für Tausende erledigt.

Diese Veränderungen der Produktionsweise haben uns den Alltag erleichtert. Sie haben uns Freiräume zur Selbstverwirklichung gegeben. Ob es uns am Ende auch zu glücklicheren und sorgenfreieren Menschen gemacht hat, vermag ich hier nicht abschließend zu bewerten. Vielleicht gibt es nun einfach andere Sorgen. Dennoch: Freiwillig auf die Annehmlichkeiten der modernen Welt verzichten, will kaum jemand. Nichtsdestotrotz stellen sie uns vor eine große Herausforderung. Wir alle wissen das, dass (1.) fossile Ressourcen irgendwann aufgebraucht sind oder aber (2.) durch deren Verbrennung vorher eine Grenze überschritten wird, bei der die Umwelt unumkehrbar für eine lange Zeit lebensfeindlich belastet wird.

Oftmals wird die Lösung in der Weiterentwicklung der Technik gesehen – im »technischen Fortschritt«. Die gängige Auffassung: Die Technologie hat auch in der Vergangenheit dafür gesorgt, Grenzen zu überwinden, also wird sie es auch wieder tun. Dabei zeigt die Wirtschaftsgeschichte über weite Teile, dass auf Effizienzsteigerungen ein höherer absoluter Verbrauch folgt. Wenn Produkte günstiger werden, wird mehr konsumiert. Vor dem Hintergrund des Ziels einer nachhaltigen Lebensweise ist es darum fragwürdig, technisch bedingte Effizienzsteigerung – die zentral von einer Weiterentwicklung der Automatisierungstechnik abhängig war und ist – als »Fortschritt« zu bezeichnen.

Der geneigten Leserschaft wird im Verlauf dieses Textes vielleicht in den Sinn gekommen sein, dass der Titel dieses Buchs nicht ganz so gut gewählt sein könnte. Warum? Es ist keine Anleitung, die aufzeigt, wie mit Automatisierungstechnik allein die Welt gerettet werden kann. So wird durch den Titel (1.) nicht deutlich, dass die Weiterentwicklung der Automatisierungstechnik und anderer Technologien zwar eine notwendige Bedingung für mehr Nachhaltigkeit ist, jedoch keine hinreichende. Allein die Weiterentwicklung hilft uns nicht weiter, sondern gesellschaftliche Veränderungen müssen damit einhergehen. Sich also nur auf den technischen Fortschritt zu verlassen, der alle Probleme von allein löst, ist zwar bequem, aber nicht zielführend. Des Weiteren geht es (2.) nicht um irgendeine Erde, sondern um die Grundlage zur Sicherung menschlicher Existenz und damit zur Erreichung eines ganz inhärenten menschheitlichen Ziels – darum sollte von »unserer Erde« die Rede sein. Zudem unterstützt dieser Terminus die Entwicklung eines Gemeinschaftsgefühls aller Menschen, denen das Glück beschieden ist, zusammen auf dieser Erde leben zu dürfen. Zuletzt sind (3.) aktive Handlungen notwendig, um unsere Erde zu retten. Wir müssen unser Konsumverhalten bewusst steuern, mit unserer Arbeit einen sinnvollen Beitrag leisten und uns in politische Prozesse einbringen, jedes Individuum an seiner Stelle. Von allein wird das nichts. Statt »Automatisierungstechnik für eine nachhaltige Zukunft« müsste es also eher »Automatisierungstechnik – **ein Baustein** für eine **aktive Gestaltung unserer** (nachhaltigen) Zukunft« heißen.

Der Lösungsvorschlag, der in diesem Buch präsentiert wird, zielt vor allem darauf ab, die Gesellschaft so zu gestalten, dass Rebound-Effekte minimiert werden. Diese führen nämlich dazu, dass sich potenzielle Ressourceneinsparungen durch technische Neuerungen nicht gleichermaßen in einer Reduktion des Verbrauchs niederschlagen. So werden Produkte durch Effizienzsteigerungen oftmals günstiger, was vereinfacht gesagt dazu führt, dass man sich ein Produkt zweimal leisten kann. Dabei konnte aufgezeigt werden, dass es in der Vergangenheit zu Backfire kam – einem so großen Rebound-Effekt, dass Effizienzsteigerungen zu einem absoluten Mehrverbrauch an Ressourcen geführt haben. In Zukunft gilt es, Backfire zu vermeiden und Rebound-Effekte so klein wie möglich zu machen. Das ist die wesentliche Bedingung, unter der Automatisierungstechnik zur Rettung der Welt beiträgt.

Besonders hervorzuheben ist dabei auch das Gelingen der Energiewende. Wenn alle Energie nachhaltig erzeugt wird, würde das einen großen Beitrag dazu leisten, unter der Umweltbelastungsgrenze für den Anteil an Treibhausgasen in der Luft zu bleiben. Bis dahin ist es jedoch noch ein weiter Weg, der aber umso schneller gegangen werden muss.

Was kann man persönlich daran mittun? Individuell kann auf drei Ebenen gehandelt werden: So ist es (1.) möglich, seine Arbeitskraft so einzusetzen, dass Produktion effizienter wird. **Arbeit ist die beste Möglichkeit zur Veränderung der Welt.** Wir brauchen Menschen, die technischen Wandel gestalten. Dazu müssen mehr Menschen naturwissenschaftlich-technische Ausbildungen beginnen, beenden und dann auch in jenen Berufen tätig werden. Aber nicht nur muss Fortschritt intellektuell erdacht werden: Genauso notwendig ist, dass es Menschen gibt, die diesen praktisch umsetzen – Elektroniker, Installateure, etc. Es geht nicht, wenn ein Teil fehlt.

Des Weiteren ist jeder Mensch (2.) ein Verbraucher, ein Konsument. Darüber, wie jeder Einzelne konsumiert, entscheidet er über die Produktion mit. Dabei ist jede Kaufentscheidung eine Wahl. **Konsum ist die größte Macht zur Veränderung der Produktion.** Zielführend konsumiert werden kann vor allem darüber, weniger zu konsumieren und Verschwendung zu vermeiden. Dadurch spart man individuell auch Geld. Die gewonnenen Finanzmittel können nachhaltig reinvestiert werden. Wenn sich viele Menschen über ihren Ressourcenverbrauch Gedanken machen, führt das zudem zu einer höheren gesellschaftlichen Sensibilität für verschwenderisches Verhalten.[59]

Zudem ist es (3.) möglich, Einfluss auf die politische Willensbildung und das Handeln der Regierung zu nehmen. Im Mindesten heißt das, wählen zu gehen, wenn das möglich ist; im Maximum, selbst politisch aktiv zu werden und weitere Verantwortung zu übernehmen – und sei es auch nur in einem Verein oder im Gemeinderat. **Meinungsäußerungen verändern**

---

[59] Individualverantwortung kann so eine bedeutende Wirkmacht für gesellschaftliche Veränderung sein. Allerdings ist sie vor allem dann erfolgreich, wenn sie systemisch belohnt wird. Am Beispiel von Flug- und Zugreisen wird das deutlich: Solange der Flug billiger ist, werden die meisten Individuen diesen dem Zug vorziehen, da sie sich sonst unter Umständen gar keine Reise leisten könnten. Wäre jedoch die weniger umweltschädliche Variante auch die kostengünstigere, würde somit umweltschonendes Verhalten vom System gefördert und Individuen müssten nicht zwischen Moral und Kosten abwägen.

staatliches Handeln. Der Staat kann an der Vermeidung von Rebound-Effekten beispielsweise dadurch mitwirken, dass er Steuern zur Lenkung der wirtschaftlichen Aktivität nutzt. Auch können Förderprogramme so ausgestaltet werden, dass die Vorteile aus Effizienzsteigerungen zu weiterem Aufwand in Forschung und Entwicklung führen. Das verlangt einen Staat, der klug steuernd einzugreifen weiß.

In der letzten Zeit wurde uns im Rahmen der Energiekrise unfreiwillig vor Augen geführt, dass wir unser Verhalten verändern können. Die Situation kommt einem Experiment gleich, bei dem die Effizienz der Energieerzeugung deutlich abnimmt und die Preise dadurch steigen. In der Folge wird überall darüber nachgedacht, Ressourcen und insbesondere Energie auf Basis von Gas einzusparen. Aber auch der Schock davor, die Corona-Krise, hat Auswirkungen auf unseren Konsum gehabt. Die Arbeitswelt hat eine starke Digitalisierung erlebt, beispielsweise durch mobiles Arbeiten. Wo ist da der Rebound-Effekt?

Ein Gedankenspiel zum Schluss: Auf den ersten Blick substituiert das Homeoffice den Arbeitsweg. Es wird weniger Benzin verbraucht, das Auto wird nicht so stark abgenutzt. Dabei werden Ressourcen eingespart. Durch den eingesparten Arbeitsweg besteht jedoch auch mehr Freizeit, die für andere Aktivitäten genutzt werden kann, die ebenfalls Ressourcen verbrauchen. Zudem führt der Minderverbrauch an Kraftstoff zu mehr Geld, das für andere Dinge ausgegeben werden kann. Daneben gab es – zumindest initial – einen deutlich höheren Bedarf an Büro- und Hardwareausrüstung, ein zweiter Bürostuhl, ein zweiter Monitor, noch eine Dockingstation für den Laptop. Auch das Internet wird mehr genutzt, was mit einer höheren Belastung der ganzen dahinterstehenden Infrastruktur zusammenhängt. Auch können Unternehmen die Fahrtwege nun aus ihrer CO_2-Bilanz streichen, was möglicherweise dazu führt, Gegenmaßnahmen zu verringern. Am Ende gibt es durch das Homeoffice vielleicht sogar einen Mehrverbrauch an Ressourcen – nur Forschung kann das beantworten.

Das Gedankenspiel zeigt auch: Rebound-Effekte sind sehr komplex. Um sie zu verstehen und ihnen wirksam zu begegnen, ist gezielte Forschungsförderung notwendig. Das ist nicht nur wichtig, damit der Staat weiß, wie er klug steuernd eingreifen kann. Auch ist es Individuen und Unternehmen nicht zuzumuten, alle Rebound-Effekte im Kopf zu haben und auf persönlicher Ebene abzuschätzen. Kein Mensch kann das allein. Aber nicht nur der Staat kann Forschung initiieren, auch können das die Unternehmen selbst. Insbesondere Automatisierungstechnikhersteller können aufgrund ihres engen Kontakts zu den Maschinenbauern an der Erforschung und Verringerung von Rebound-Effekten mitwirken.

Am Ende hat die kritische Situation, in der wir uns befinden, also auch etwas Motivierendes: Produktion und Konsum sind die wesentlichen Hebel zur Veränderung und Rettung unserer Welt. Die Automatisierungstechnik ist dabei wiederum ein entscheidender Hebel zur Veränderung der Produktion. **Diesen Hebel gilt es zu nutzen!** Und auch wenn die Herausforderung noch so gewaltig erscheint: Aus Pessimismus und Untätigkeit ist noch nie etwas Großes entstanden.[60]

---

[60] Und selbst, wenn man eine grundsätzlich pessimistische Haltung zu dem Thema behält: Handeln hilft gegen das schlechte Gewissen, nicht das Mögliche getan zu haben, um noch größeren Schaden zu verhindern.

Literaturverzeichnis

Acemoglu, D., Johnson, S. & Robinson, J. (2005). The Rise of Europe: Atlantic Trade, Institutional Change, and Economic Growth. *The American Economic Review, 95*(3), 546–579. American Economic Association.

Alcott, B. (2008). Historical Overview of the Jevons Paradox in the Literature. In J.M. Polimeni, K. Mayumi, M. Giampietro & B. Alcott (Hrsg.), *The Jevons Paradox and the Myth of Resource Efficiency Improvements* (S. 7–78). London, Sterling: Earthscan.

Apostolides, A., Broadberry, S., Campbell, B., Overton, M. & van Leeuwen, B. (2008). English agricultural output and labour productivity, 1250-1850: Some preliminary estimates (Working paper).

Baier, S. L., Dwyer Jr., G. P. & Tamura, R. (2006). How Important Are Capital and Total Factor Productivity for Economic Growth? *Economic Inquiry, 44*(1), 23–49. https://doi.org/10.1093/ei/cbj003

BBC. (2022, Juli 7). Elon Musk became father of twins last year, say reports. *BBC News.*

Becker, H. & Straub, N. (2007). *Drachenflug. Wirtschaftsmacht China quo vadis?* Berlin, Heidelberg: Springer. Zugriff am 22.11.2022. Verfügbar unter: https://link.springer.com/book/10.1007/978-3-540-71171-1

Beckhoff Automation. (2022). Nachhaltigkeit und Wachstum. *Beckhoff Automation.* Zugriff am 6.10.2022. Verfügbar unter: https://www.beckhoff.com/de-de/unternehmen/nachhaltigkeit-und-wachstum/

Beiser, V. (2019, November 18). Why the world is running out of sand. Zugriff am 7.11.2022. Verfügbar unter: https://www.bbc.com/future/article/20191108-why-the-world-is-running-out-of-sand

Belich, J. (2022). *The World the Plague Made: The Black Death and the Rise of Europe.* Princeton: Princeton University Press.

Berner, A., Lutz, C., Ahmann, L. & Banning, M. (2021). Rebound-Effekte in Unternehmen. Zum Zusammenspiel von Rebound-Effekten und Effizienzpolitik im industriellen Sektor (ReCap Policy Brief 3). Zugriff am 4.10.2022. Verfügbar unter: https://www.macro-rebounds.org/app/download/8313522363/Policy_Brief+3_Rebound-Effekte+in+Unternehmen.pdf?t=1619102431

Berner, A., Peuckert, J. & von Andrian, N. (2019). Energieeffizienz und Rebound-Effekte. Sektoren im Verarbeitenden Gewerbe. Zugriff am 4.10.2022. Verfügbar unter: https://www.macro-rebounds.org/app/download/8295286263/ReCap_Factsheet+1_Verarbeitendes+Gewerbe.pdf?t=1613641383

Bofinger, P. (2020). *Grundzüge der Volkswirtschaftslehre. Eine Einführung in die Wissenschaft von Märkten.* Hallbergmoos: Pearson.

BP. (2022a). Statistical Review of World Energy 2022. Zugriff am 10.10.2022. Verfügbar unter: https://www.bp.com/content/dam/bp/business-sites/en/global/corporate/pdfs/energy-economics/statistical-review/bp-stats-review-2022-full-report.pdf

BP. (2022b). Statistical Review of World Energy - all data, 1965-2021. *BP Global.* Zugriff am 22.11.2022. Verfügbar unter: https://www.bp.com/en/global/corporate/energy-economics/statistical-review-of-world-energy.html

Bretschger, L. (2020). Malthus in the light of climate change. *European Economic Review, 127*, 103477. https://doi.org/10.1016/j.euroecorev.2020.103477

Bundesumweltamt. (2019, September 17). Rebound-Effekte. *Umweltbundesamt.* Umweltbundesamt. Zugriff am 7.10.2022. Verfügbar unter: https://www.umweltbundesamt.de/themen/abfall-ressourcen/oekonomische-rechtliche-aspekte-der/rebound-effekte

Chambers, R. (1984). Beyond the Green Revolution: a selective essay. In T. Bayliss-Smith & S. Wanmali (Hrsg.), *Understanding Green Revolutions: Agrarian Change and Development Planning in South Asia* (S. 362–380). Cambridge: Cambridge University Press. https://doi.org/10.1017/CBO9780511735561

Clark, G. (2007). *A Farewell to Alms: A Brief Economic History of the World.* Princeton: Princeton University Press.

Clio Infra. (2012). Total CO2 Emissions | Clio Infra | Reconstructing Global Inequality. *Clio Infra.* https://doi.org/10.3334/CDIAC/00001_V2011

Clio Infra. (2015). Total Population | Clio Infra | Reconstructing Global Inequality. *Clio Infra.* Zugriff am 10.11.2022. Verfügbar unter: https://clio-infra.eu/Indicators/TotalPopulation.html

Clio Infra. (2020). GDP per Capita | Clio Infra | Reconstructing Global Inequality. *Clio Infra.* Zugriff am 10.11.2022. Verfügbar unter: https://clio-infra.eu/Indicators/GDPperCapita.html

Cole, J. (2019). *Planetary Health: Human Health in an Era of Global Environmental Change*. Boston, Wallingford: CABI.

CSIRO. (2022). Cape Grim Greenhouse Gas Data. *Cape Grim Greenhouse Gas Data*. Zugriff am 22.11.2022. Verfügbar unter: https://capegrim.csiro.au/

Cunningham, W. (1892). *The Growth of English Industry and Commerce*. University Press.

Douglass, B. L., Klein, L. A. & Camus, G. (1999). Induced Traffic and Induced Demand. *Transportation Research Record, 1659*(1), 68–75. SAGE Publications Inc. https://doi.org/10.3141/1659-09

Drath, R. (2014). Industrie 4.0 - eine Einführung. *Open Automation*, (3/2014), 2–7.

Emerson. (2022a). Informationen zu Emerson | Emerson DE. *Emerson*. Zugriff am 6.10.2022. Verfügbar unter: https://www.emerson.com/de-de/about-us

Emerson. (2022b). Zweck, Beweggründe und Werte | Emerson DE. *Emerson*. Zugriff am 6.10.2022. Verfügbar unter: https://www.emerson.com/de-de/about-us/living-our-purpose

Endrei, W. & Endrei, V. (1961). Der Trittwebstuhl im frühmittelalterlichen Europa. *Acta Historica Academiae Scientiarum Hungaricae, 8*(1/2), 107–136. Institute of History, Research Centre for the Humanities, Hungarian Academy of Sciences.

Etheridge, D. M. (2010). Law Dome Ice Core 2000-Year CO2, CH4, and N2O Data. *NOAA/NCDC Paleoclimatology Program*. Zugriff am 22.11.2022. Verfügbar unter: https://www1.ncdc.noaa.gov/pub/data/paleo/icecore/antarctica/law/law2006.txt

Europäische Kommission. (2022, Juni 17). Energy use in households in 2020. *eurostat*. Zugriff am 7.11.2022. Verfügbar unter: https://ec.europa.eu/eurostat/web/products-eurostat-news/-/ddn-20220617-1

Evenson, R. E. & Gollin, D. (2003). Assessing the Impact of the Green Revolution, 1960 to 2000. *Science, 300*(5620), 758–762. American Association for the Advancement of Science. https://doi.org/10.1126/science.1078710

Favre-Bulle, B. (2004). Automatisierung industrieller Prozesse. In B. Favre-Bulle (Hrsg.), *Automatisierung komplexer Industrieprozesse: Systeme, Verfahren und Informationsmanagement* (S. 1–12). Wien: Springer. https://doi.org/10.1007/978-3-7091-0562-7_1

Felber, C. (2018). *Gemeinwohl-Ökonomie*. Piper.

Fiedler, M. (2018). Das Toyota-Production-System - TPS. *Lean Construction - Das Managementhandbuch. Agile Methoden und Lean Management im Bauwesen* (S. 39–64). Berlin: Springer.

Fraedrich, W. (2016). *Spuren der Eiszeit.* Berlin, Heidelberg: Springer. https://doi.org/10.1007/978-3-662-46260-7

Georgescu-Roegen, N. (1978). Technology assessment: The case of the direct use of solar energy. *Atlantic Economic Journal, 6*(4), 15–21. https://doi.org/10.1007/BF02300267

Giampietro, M. (2003). *Multi-Scale Integrated Analysis of Agroecosystems.* CRC Press.

Giampietro, M. & Mayumi, K. (2008). The Jevons Paradox: The Evolution of Complex Adaptive Systems and the Challange for Scientific Analysis. In J.M. Polimeni, K. Mayumi, M. Giampietro & B. Alcott (Hrsg.), *The Jevons Paradox and the Myth of Resource Efficiency Improvements* (S. 79–140). London, Sterling: Earthscan.

Greener, J. (2018). The First and Third Engines. *The International Journal for the History of Engineering & Technology, 88*(1), 80–111. Taylor & Francis. https://doi.org/10.1080/17581206.2018.1525881

Gruhn, L. (2022). Guter Konsum. Alltägliche Ethiken zwischen Wissen und Handeln. *Chronos Verlag.* Zugriff am 8.11.2022. Verfügbar unter: https://www.chronos-verlag.ch/public-download/3494

Hahn, B. (2020). *Technology in the Industrial Revolution* (New Approaches to the History of Science and Medicine). Cambridge: Cambridge University Press. https://doi.org/10.1017/9781316900864

Hampshire-Waugh, M. (2021). *Climate change and the road to net-zero.* Crowstone Publishing.

Handrich, L., Kemfert, C., Mattes, A., Pavel, F. & Traber, T. (2015). Turning point: Decoupling Greenhouse Gas Emissions from Economic Growth. Zugriff am 17.10.2022. Verfügbar unter: https://www.boell.de/sites/default/files/web_1509_e-paper_decoupling.pdf

Haufe, S. (2013, August 20). Rebound-Effekte. *Umweltbundesamt.* Umweltbundesamt. Zugriff am 7.11.2022. Verfügbar unter: https://www.umweltbundesamt.de/themen/abfall-ressourcen/oekonomische-rechtliche-aspekte-der/rebound-effekte

Heath, F. G. (1972). Origins of the Binary Code. *Scientific American, 227*(2), 76–83. Scientific American, a division of Nature America, Inc.

Heimbold, T. (2014). *Einführung in die Automatisierungstechnik: Automatisierungssysteme, Komponenten, Projektierung und Planung.* Carl Hanser.

Henning, C. (2021). Produktion und Konsum. In L. Heidbrink, A. Lorch & V. Rauen (Hrsg.), *Handbuch Wirtschaftsphilosophie III.* Wiesbaden: Springer Fachmedien. Zugriff am 4.10.2022. Verfügbar unter: https://www.springerprofessional.de/en/produktion-und-konsum/19696850

Herring, H. (2000). Is Energy Efficiency Environmentally Friendly? *Energy & Environment, 11*(3), 313–325. Sage Publications, Ltd.

Hesketh, T., Lu, L. & Xing, Z. W. (2005). The Effect of China's One-Child Family Policy after 25 Years. *New England Journal of Medicine, 353*(11), 1171–1176. https://doi.org/10.1056/NEJMhpr051833

Hirschfeld, J., Weiß, J., Preidl, M. & Korbun, T. (Hrsg.). (2008). *Klimawirkungen der Landwirtschaft in Deutschland* (Schriftenreihe des IÖW). Berlin: IÖW. Zugriff am 9.11.2022. Verfügbar unter: https://www.ioew.de/fileadmin/_migrated/tx_ukioewdb/IOEW-SR_186_Klimawirkungen_Landwirtschaft_02.pdf

Höök, M., Zittel, W., Schindler, J. & Aleklett, K. (2010). Global coal production outlooks based on a logistic model. *Fuel, 89*(11), 3546–3558. https://doi.org/10.1016/j.fuel.2010.06.013

Hymel, K. M., Small, K. A. & Dender, K. V. (2010). Induced demand and rebound effects in road transport. *Transportation Research Part B: Methodological, 44*(10), 1220–1241. https://doi.org/10.1016/j.trb.2010.02.007

International Monetary Fund. (2022). World Economic Outlook Database, April 2022. *IMF.* Zugriff am 7.11.2022. Verfügbar unter: https://www.imf.org/en/Publications/WEO/weo-database/2022/April

Jevons, W. S. (1865). *The Coal Question: An Enquiry Concerning the Progress of the Nation, and the Probable Exhaustion of Our Coal-mines.* London, Cambridge: Macmillan.

Kanefsky, J. & Robey, J. (1980). Steam Engines in 18th-Century Britain: A Quantitative Assessment. *Technology and Culture, 21*(2), 161–186. [The Johns Hopkins University Press, Society for the History of Technology]. https://doi.org/10.2307/3103337

Kegel, G., Rauscher, B., Otto, M.-A., Gehlen, S., Nagel, J. & Weber, H. (2020). Die Bedeutung der Sensorik für die vierte industrielle Revolution. In M. ten Hompel, B. Vogel-Heuser & T. Bauernhansl (Hrsg.), *Handbuch Industrie 4.0. Produktion, Automatisierung und Logistik* (S. 1–25). Springer: Berlin, Heidelberg.

Kerker, M. (1961). Science and the Steam Engine. *Technology and Culture*, *2*(4), 381–390. [The Johns Hopkins University Press, Society for the History of Technology]. https://doi.org/10.2307/3100893

Lange, S., Banning, M., Berner, A., Kern, F., Lutz, C., Peuckert, J. et al. (2019). Economy-Wide Rebound Effects: State of the art, a new taxonomy, policy and research gaps (Discussion paper). Zugriff am 7.11.2022. Verfügbar unter: https://www.ioew.de/fileadmin/user_upload/BILDER_und_Downloaddateien/Publikationen/2019/ReCap_discussion_paper_1.pdf

Lange, S., Kern, F., Peuckert, J. & Santarius, T. (2021). The Jevons paradox unravelled: A multi-level typology of rebound effects and mechanisms. *Energy Research & Social Science*, *74*, 101982. https://doi.org/10.1016/j.erss.2021.101982

Laufmann, P. (2022, November 9). 8 Milliarden Menschen: Die Landwirtschaft produziert genug für alle. *agrarheute*. Zugriff am 17.11.2022. Verfügbar unter: https://www.agrarheute.com/land-leben/8-milliarden-menschen-landwirtschaft-produziert-genug-fuer-alle-600046

Lawlor, P. (2021, Februar 4). Avoiding the new Malthusian trap - a better future without fossil fuels. *Investec*. Zugriff am 7.11.2022. Verfügbar unter: https://www.investec.com/en_za/focus/beyond-wealth/avoiding-the-new-malthusian-trap-a-better-and-prosperous-future-without-fossil-fuels.html

Leisinger, K. M. (1993). Daten und Fakten zum Bevölkerungswachstum. In K.M. Leisinger (Hrsg.), *Hoffnung als Prinzip: Bevölkerungswachstum: Einblicke und Ausblicke* (S. 41–73). Basel: Birkhäuser. https://doi.org/10.1007/978-3-0348-5658-4_2

Lin, B. & Li, J. (2014). The rebound effect for heavy industry: Empirical evidence from China. *Energy Policy*, *74*, 589–599. https://doi.org/10.1016/j.enpol.2014.08.031

von der Lippe, P. M., Breuer, C. C., Diefenbacher, H., Zieschank, R. & Brachinger, H. W. (2010). Wohlstand — keine Alternative zum BIP. *Wirtschaftsdienst*, *90*(7), 444–457. https://doi.org/10.1007/s10273-010-1096-3

Lutz, C., Banning, M., Ahmann, L. & Flaute, M. (2021). Energy efficiency and rebound effects in German industry – evidence from macroeconometric modeling. *Economic Systems Research.* Routledge. https://doi.org/10.1080/09535314.2021.193795

Lyons, J. S. (1987). Powerloom profitability and steam power costs: Britain in the 1830s. *Explorations in Economic History, 24*(4), 392–408. https://doi.org/10.1016/0014-4983(87)90021-0

Mack, E. & Rauhut, A. (2021). Christliche Ethik und Armut. In G. Schweiger & C. Sedmak (Hrsg.), *Handbuch Philosophie und Armut* (S. 197–204). Stuttgart: J.B. Metzler. https://doi.org/10.1007/978-3-476-05740-2_27

Mahr, O. (1941). *Die Entstehung der Dynamomaschine* (Geschichtliche Einzeldarstellungen aus der Elektrotechnik) (Band 5). Berlin: VDE. https://doi.org/10.1007/978-3-7091-3060-5

Malthus, T. (1798). *An Essay on the Principle of Population.* London: J. Johnson.

Martin-Amouroux, J.-M. (2022, März 14). World energy consumption 1800-2000: the results. *Encyclopédie de l'énergie.* Zugriff am 10.10.2022. Verfügbar unter: https://www.encyclopedie-energie.org/en/world-energy-consumption-1800-2000-results/

MCC. (2022). Remaining carbon budget. That's how fast the Carbon Clock is ticking. *Mercator Research Institute on Global Commons and Climate Change.* Zugriff am 22.11.2022. Verfügbar unter: https://www.mcc-berlin.net/en/research/co2-budget.html

Meadows, D. L., Meadows, D. H., Randers, J. & Behrens, W. W. (1972). *Die Grenzen des Wachstums: Bericht des Club of Rome zur Lage der Menschheit.* München: Deutsche Verlags-Anstalt.

Mingay, G. E. (1977). *The agricultural revolution: changes in agriculture, 1650-1880.* London: A. and C. Black.

Mitsubishi Electric. (2022). Zielsetzung | Mitsubishi Electric global | Über uns. *Mitsubishi Electric Deutschland | Zielsetzung.* Zugriff am 3.11.2022. Verfügbar unter: https://de.mitsubishielectric.com/de/about/global/purpose/index.page

Mitsubishi Electric. (2023, Oktober 5). Darum ist Fabrikautomatisierung so wichtig für eine nachhaltige Zukunft. *Mitsubishi Electric Deutschland.* Zugriff am 21.10.2023. Verfügbar unter: https://de.mitsubishielectric.com/de/news/releases/local/2023/0927-a/index.page

Monnin, E. (2006, Juli 5). EPICA Dome C high resolution carbon dioxide concentrations. *PANGAEA*. Zugriff am 17.11.2022. Verfügbar unter: https://doi.pangaea.de/10.1594/PANGAEA.472488?format=html#download

Mosbrugger, V. & Roller, S. (2016). Erdgeschichtliche Entwicklung der Biodiversität. In J.L. Lozán, S.-W. Breckle, R. Müller & E. Rachor (Hrsg.), *Warnsignal Klima: Die Biodiversität.* (S. 61–67). Hamburg: Wissenschaftliche Auswertungen.

Næss, P., Nicolaisen, M. S. & Strand, A. (2012). Traffic forecasts ignoring induced demand: a shaky fundament for cost-benefit analyses. *European Journal of Transport and Infrastructure Research, 12*(3), 291–309.

North, D. C. & Weingast, B. R. (1989). Constitutions and Commitment: The Evolution of Institutions Governing Public Choice in Seventeenth-Century England. *The Journal of Economic History, 49*(4), 803–832. Cambridge University Press. https://doi.org/10.1017/S0022050700009451

Overton, M. (1996). *Agricultural Revolution in England: The Transformation of the Agrarian Economy 1500-1850.* Cambridge University Press.

Papadopoulos, E. (2007). Heron of Alexandria (c. 10–85 AD) (History of Mechanism and Machine Science). In M. Ceccarelli (Hrsg.), *Distinguished Figures in Mechanism and Machine Science: Their Contributions and Legacies Part 1* (S. 217–245). Dordrecht: Springer Netherlands. https://doi.org/10.1007/978-1-4020-6366-4_9

Phoenix Contact. (2022). All Electric Society | PHOENIX CONTACT. *Phoenix Contact.* Zugriff am 6.10.2022. Verfügbar unter: https://www.phoenixcontact.com/de-de/ueber-uns/was-uns-antreibt/all-electric-society

Pierenkemper, T. (1989). Einleitung. In T. Pierenkemper (Hrsg.), *Landwirtschaft und industrielle Entwicklung: zur ökonomischen Bedeutung von Bauernbefreiung, Agrarreform und Agrarrevolution* (S. 7–26). Stuttgart: Franz Steiner Verlag.

Polimeni, J. M. (2008). Empirical evidence for the Jevons Paradox. In J.M. Polimeni, K. Mayumi, M. Giampietro & B. Alcott (Hrsg.), *The Jevons Paradox and the Myth of Resource Efficiency Improvements* (S. 141–172). London, Sterling: Earthscan.

Polimeni, J. M., Giampietro, M. & Mayumi, K. (2008a). Conclusion. In J.M. Polimeni, K. Mayumi, M. Giampietro & B. Alcott (Hrsg.), *The Jevons Paradox and the*

Myth of Resource Efficiency Improvements (S. 173–178). London, Sterling: Earthscan.

Polimeni, J. M., Giampietro, M. & Mayumi, K. (2008b). Introduction. In J.M. Polimeni, K. Mayumi, M. Giampietro & B. Alcott (Hrsg.), *The Jevons Paradox and the Myth of Resource Efficiency Improvements* (S. 1–6). London, Sterling: Earthscan.

Pomeranz, K. (2000). *The Great Divergence: China, Europe, and the Making of the Modern World Economy.* Princeton: Princeton University Press.

Rao, J. S. (2011). *History of Rotating Machinery Dynamics* (History of Mechanism and Machine Science) (Band 20). Dordrecht: Springer Netherlands. https://doi.org/10.1007/978-94-007-1165-5

REN21. (2022). Renewables 2022. Global Status Report. Zugriff am 7.11.2022. Verfügbar unter: https://www.ren21.net/wp-content/uploads/2019/05/GSR2022_Full_Report.pdf

Ritchie, H. (2017). How much of the world's land would we need in order to feed the global population with the average diet of a given country? *Our World in Data.* Zugriff am 22.11.2022. Verfügbar unter: https://ourworldindata.org/agricultural-land-by-global-diets

Rockwell Automation. (2022). Über uns | Rockwell Automation Deutschland. *Rockwell Automation.* Zugriff am 3.11.2022. Verfügbar unter: https://www.rockwellautomation.com/en-us/company/about-us.html

Rosenberg, N. & Birdzell, L. E. (1986). *How The West Grew Rich. The Economic Transformation of the Industrial World.* New York City: Basic Books.

Roser, M. (2013, November 24). Economic Growth. *Our World in Data.* Zugriff am 22.11.2022. Verfügbar unter: https://ourworldindata.org/economic-growth

Roser, M., Ritchie, H., Ortiz-Ospina, E. & Rodés-Guirao, L. (2019). World Population Growth. *Our World in Data.* Zugriff am 21.11.2022. Verfügbar unter: https://ourworldindata.org/world-population-growth

Sachverständigenrat. (2019). Produktivität: Wachstumsbedingungen verbessern. Nationaler Produktivitätsbericht 2019. Zugriff am 7.11.2022. Verfügbar unter: https://www.sachverstaendigenrat-wirtschaft.de/fileadmin/dateiablage/gutachten/jg201920/2019_Nationaler_Produktivitaetsbericht.pdf

Schlick, J., Stephan, P., Loskyll, M. & Lappe, D. (2020). Industrie 4.0 in der praktischen Anwendung. In M. ten Hompel, B. Vogel-Heuser & T. Bauernhansl

(Hrsg.), *Handbuch Industrie 4.0. Produktion, Automatisierung und Logistik* (S. 1–27). Berlin, Heidelberg: Springer.

Schneider. (2022). Unternehmenszweck und -mission. *Schneider Electric.* Zugriff am 6.10.2022. Verfügbar unter: https://www.se.com/de/de/about-us/company-purpose/

Schneider, B. (2003). Kleider für Automaten. Muster und Karten in der Lochkartenweberei des 18. Jahrhunderts unter spezieller Berücksichtigung des Webstuhls von Vaucanson. *Technikgeschichte, 70*(3), 185–206. https://doi.org/10.5771/0040-117X-2003-3-185

Schott, D. (1999). Das Zeitalter der Elektrizität: Visionen – Potentiale – Realitäten. *Jahrbuch für Wirtschaftsgeschichte / Economic History Yearbook, 40*(2), 31–50. Akademie Verlag. https://doi.org/10.1524/jbwg.1999.40.2.31

Semmling, E., Peters, A., Marth, H., Kahlenborn, W. & de Haan, P. (2016). Rebound-Effekte: Wie können sie effektiv begrenzt werden? *Umweltbundesamt.* Zugriff am 7.11.2022. Verfügbar unter: https://www.umweltbundesamt.de/sites/default/files/medien/376/publikationen/rebound-effekte_wie_koennen_sie_effektiv_begrenzt_werden_handbuch.pdf

Siemens. (2021). Nachhaltigkeitsbericht 2021. *Siemens Deutschland.* Zugriff am 6.10.2022. Verfügbar unter: https://assets.new.siemens.com/siemens/assets/api/uuid:9972c7d3-52bc-4498-b896-5cdea51a71fb/nachhaltigkeit2021-de.pdf

Siemens. (2022). Nachhaltigkeitsfakten. *Siemens Deutschland.* Zugriff am 6.10.2022. Verfügbar unter: https://new.siemens.com/de/de/unternehmen/nachhaltigkeit/nachhaltigkeitsfakten.html

Simon, J. L. (1981). *The Ultimate Resource.* Princeton: Princeton University Press.

Steckel, J. C., Missbach, L., Ohlendorf, N. & Feindt, S. (2022). Effects of the energy price crisis on European households. Socio-political challenges and policy options. Mercator Research Institute on Global Commons and Climate Change. Zugriff am 8.11.2022. Verfügbar unter: https://www.mcc-berlin.net/fileadmin/data/C18_MCC_Publications/2022_MCC_Effects_of_the_energy_price_crisis_on_European_households.pdf

Stihler, A. (1998). *Die Entstehung des modernen Konsums. Darstellung und Erklärungsansätze.* Berlin: Duncker & Humblot.

Stokey, N. L. (2001). A quantitative model of the British industrial revolution, 1780–1850. *Carnegie-Rochester Conference Series on Public Policy, 55*(1), 55–109. https://doi.org/10.1016/S0167-2231(01)80003-8

Strickland, M. (1843). *A Memoir of the Life, Writing and Mechanical Inventions, of Edmund Cartwright, D.D. F.R.S., Inventor of the Power Loom, etc. etc.* London: Saunders and Otley.

Tainter, J. A. (2008). Foreword. In J.M. Polimeni, K. Mayumi, M. Giampietro & B. Alcott (Hrsg.), *The Jevons Paradox and the Myth of Resource Efficiency Improvements* (S. IX–XVI). London, Sterling: Earthscan.

Tunzelmann, G. N. von. (1995). Time-Saving Technical Change: The Cotton Industry in the English Industrial Revolution. *Explorations in Economic History, 32*(1), 1–27. https://doi.org/10.1006/exeh.1995.1001

Umweltbundesamt. (2022). CO2-Rechner des Umweltbundesamtes. *Umweltbundesamt.* Zugriff am 7.11.2022. Verfügbar unter: https://uba.co2-rechner.de/de_DE/

United Nations. (2022a). World population to reach 8 billion on 15 November 2022. *United Nations.* United Nations. Zugriff am 17.11.2022. Verfügbar unter: https://www.un.org/en/desa/world-population-reach-8-billion-15-november-2022

United Nations. (2022b). World Population Prospects - Population Division - United Nations. *World Population Prospects 2022.* Zugriff am 10.10.2022. Verfügbar unter: https://population.un.org/wpp/

United Nations. (2022c). World Population Prospects 2022: Summary of Results. Zugriff am 7.11.2022. Verfügbar unter: https://www.un.org/development/desa/pd/sites/www.un.org.development.desa.pd/files/wpp2022_summary_of_results.pdf

United Nations. (2023). SDG 12: Nachhaltige Konsum- und Produktionsmuster sicherstellen. *Vereinte Nationen - Regionales Informationszentrum für Westeuropa.* Zugriff am 21.10.2023. Verfügbar unter: https://unric.org/de/17ziele/sdg-12/

Venzke, A. (1992). *Christoph Kolumbus.* Reinbek: Rowohlt.

Wallaschkowski, S. (2018). *Die Entstehung des modernen Konsums: Entwicklungslinien von 1750 bis heute.* Wiesbaden: Springer.

Warde, A. (1992). Notes on the Relationship between Production and Consumption (Explorations in Sociology.). In R. Burrows & C. Marsh (Hrsg.),

Consumption and Class: Divisions and Change (S. 15–31). London: Palgrave Macmillan UK. https://doi.org/10.1007/978-1-349-21725-0_2

Warde, P. (2007). *Energy Consumption in England & Wales, 1560 - 2000* (Series on energy consumption). Napoli: Istituto di Studio sulle Società del Mediterraneo.

Zhang, C. & Yang, J. (2020). Second Industrial Revolution. In C. Zhang & J. Yang (Hrsg.), *A History of Mechanical Engineering* (S. 137–195). Singapore: Springer. https://doi.org/10.1007/978-981-15-0833-2_5

Über den Autor

In der Grundschule wollte Jan Michael Goldberg Erfinder werden; später dann Elektroingenieur. Dieses Ziel im Auge, begann er mit 16 Jahren eine Ausbildung zum Elektroniker im produzierenden Gewerbe. Aus der industriellen Anwendung kommend, führt ihn der Weg zu einem Hersteller von Automatisierungstechnik. Dort absolviere Goldberg zunächst ein duales Studium des Wirtschaftsingenieurwesens, woran sich parallel zu seiner Berufstätigkeit der Masterstudiengang »History, Economics and Philosophy of Science« anschloss. In diesem Zuge setzte er sich erstmalig ausführlich mit dem Einfluss von Technikentwicklung auf industrielle Produktivität auseinander. Es folgte eine volkswirtschaftliche Promotion, in einem Umfeld, das sich vor allem mit langfristiger wirtschaftlicher Entwicklung beschäftigt. Die Kombination dieser interdisziplinären Eindrücke, Erfahrungen und Gedanken – und die Hoffnung auf ein lebenswertes Übermorgen – führte zu diesem Buch.